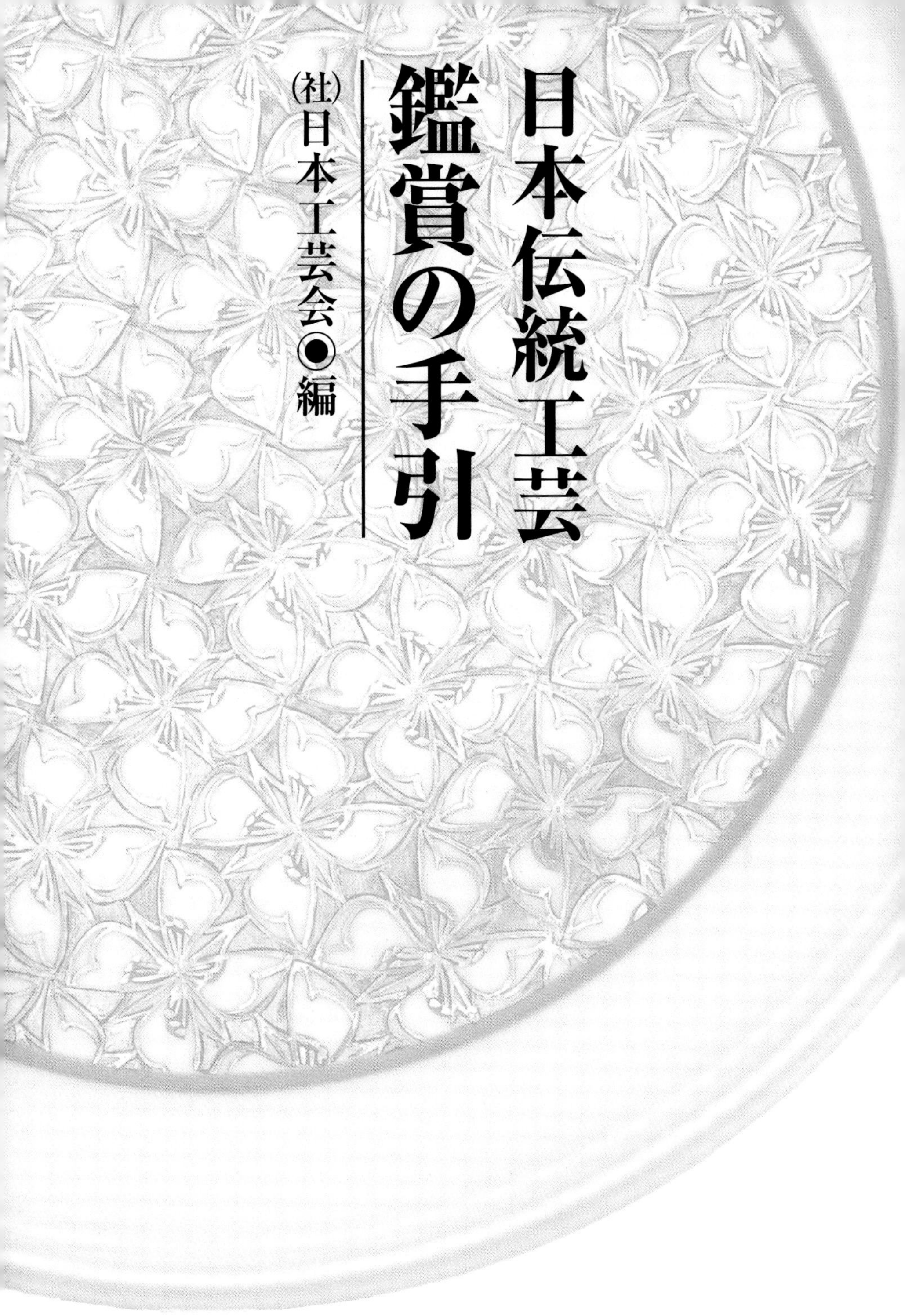

日本伝統工芸
鑑賞の手引

(社)日本工芸会●編

はじめに ― 日本伝統工芸の継承 ―

工芸評論家　柳橋　眞

日本伝統工芸展の図録の巻頭に、展覧会の主旨がのせられています。まず、我が国には世界的に優れた工芸の伝統があると強調しています。さらに伝統工芸の本質は変らぬが、決して古いものを模倣しているのではなく、今日の生活に合せて新しいものを作る責任があることを説き、次のように続けています。

「昭和二十五年、文化財保護法が施行され、歴史上、若しくは芸術上特に価値の高い工芸技術を、国として保護育成することになりました。私どもは、その主旨にそって、昭和二十九年以来陶芸、染織、漆芸、金工、木竹工、人形、その他の工芸の七部門にわたり、各作家の作品を厳重鑑査し、入選作品によって日本伝統工芸展を開催してきました。」

昭和二十五年に従来の国宝などの指定を白紙にして、新しく作り上げた法律ですから、文化財保護法には今迄にはない考えや言葉がいっぱい登場しています。だいいち「文化財」という言葉も新しいものです。文化財を大きく二つに分け、有形文化財は建造物、絵画、彫刻、工芸品などの「物」をさし、無形文化財は演劇、芸能などの演技や工芸品を作る技術を含むとしました。

この名称や分類については、人々ははじめずいぶん違和感を持ったものです。私の個人的な印象をいえば、文化に財宝という世俗的な価値判断がついた「文化財」という言葉にまず反発を覚えました。また有形・無形という形の有り無しという即物的な分類にも驚きました。有形、無形という言葉は本来、いわば左右に分けて対比させる使い方ではなく、有形という物質世界を超えて無形の精神世界があるというように、いわば重層的に、あるいは奥行きを持って使うものではないかと感じていたからです。

それはさておき、我が国が無形文化財の保護に手をさしのべたのは今迄にない快挙です。しかし、数多い無形文化財の中から、何故、芸能と工芸技術の二分野のみが取りあげられたのでしょう。我が国には生活文化としてほかにも数多くのものがあります。

法が制定された昭和二十五年当時、我が国はまだ戦災で焦土と化した状況から十分に復興をみていません。眼前の状景ばかりでなく、日本人の心も荒廃して焦土のありさまでした。文化財保護法が作られる直接の動機は、法隆寺金堂壁画の焼失で世界中から批難をあびたことにありました。その後も金閣寺などの焼失が続きました。

伝統工芸産業は大戦とそれ以前の経済統制で崩壊した状態でした。現在のように眼前に伝統工芸産業があり、その衰微を防ぐという理由でなく、姿なき伝統工芸を復興させるという問題提起だったのです。その当時、日本の復興が声高く唱えられましたが、問題はどの方向に復興させるかです。とうとう国籍不明の近代的生活様式が流入して、もはや日本の固有の生活用式や伝統的な精神文化は復興しないのではないかと真剣に憂慮されました。伝統的な芸能や工芸技術はまさに我が国の伝統的な生活文化全体の代表、典型としてとりあげられたのです。伝統工芸産業は国の保護を主張する勢力とはなり得なかったにもかかわらず、文化財保護法で大きく取りあげられたのは、その基盤である日本人の生活様式の復興を願う危機意識が強かったからといえましょう。

他の産業の復興からたいへん遅れて、伝統工芸産業の復興が緒についたのは昭和三十年ごろでした。重要無形文化財保持者（人間国宝）の制度や日本伝統工芸展の発足が、ちょうど同じ時期だというのは偶然ではありません。以後、経済の高度成長による生活の余裕に応じて伝統工芸は質、量とも発展しました。昭和四十年代から五十年代にかけては伝統工芸の黄金期と称されるほどに充実をみせました。

そして現在、十年も続く不況で伝統工芸産業は再び大きな存亡の危機に直面しています。各産地の職人が半分なり、三分の一ほどと減っています。今後、たとえ不況を脱しても彼らは戻ってくれるでしょうか。不況の背後に、我々の生活からの着物離れ、漆器離れ、ひいては伝統工芸離れが顕著になりつつある事態があります。この根本問題が解決しない限り、いったん去った職人を戻すことはできないでしょう。

伝統工芸は本来、日本人の生活に深く根ざしたものでした。伝統工芸をよく理解するということは、日本人の伝統的な生活文化や精神文化にまで思いおよんでもらうことです。日本人のゆとりを持った生活は、自然の四季の変化に心を遊ばせ、他人の気持ちに細やかにこころくばりするものでした。伝統工芸が使い手の立場に立って作り、先々の代の使い手すら配慮したもの作りをするのは、同じ考えに立つからです。

本書は、多くの人々に伝統工芸を一層理解して親しんでもらうため、伝統工芸特有の難しい言葉や技術を判りやすく説明し、各部門の代表的な作品の見所や伝統技術に裏付けられた作家の表現や主題等を解説しています。伝統工芸の将来を考えると、日本人が子供の時から心にゆとりを持ち、豊かな感受性を育てていることが基礎になります。子供たち自らがこの冊子を読んで下さることもありがたいのですが、より理想的なことは母親や父親がこの冊子を参考にして、伝統工芸や日本の生活文化、ひいては日本の美について噛み砕いて子供に話しかけていただくことです。それが伝統工芸の本当の継承の第一歩となります。

目次

はじめに―日本伝統工芸の継承―　柳橋　眞……3

陶　芸……9
陶芸の流れ・やきものの産地・やきものの基本分類・陶土と成形法
装飾技法・釉薬による技法（高火度釉・上絵付）・焼成・陶芸の用語

染　織……31
染織の流れ・染織品の素材・染の技法・友禅・型染・絞り・刺繡・伊勢型紙
染の道具・織の技法・織の組織・紋織（模様織）・縞・絣・格子・各地の織物
組紐・染織の用語

漆　芸……53
漆芸の流れ・漆液の採取と精製・漆の効用と漆芸の用具・漆塗りの技法
漆器の素地・装飾技法・蒔絵・平文・沈金・蒟醬・彫漆・螺鈿・存清・漆芸の用語

金工

金工の流れ・金工の技法・金工の素材・鋳金・鋳型の作り方・鍛金・彫金 …… 71
技法と鏨・金工の用語

木竹工

木竹工の流れ・木工芸の技法と素材・木の種類と性質・指物・刳物・挽物 …… 89
木象嵌・曲輪・彫物・竹工芸の技法と素材・竹の種類・編組の種類・木竹工の用語

人形

人形の流れ・人形の本体作り・木彫人形・桐塑(胡桐塑)人形・紙塑人形 …… 105
御所人形・張抜人形・陶胎人形

その他の工芸

その他の工芸の流れ・七宝・ガラス・截金・象牙・砡・硯・その他の工芸の用語 …… 117
作品目録 …… 131
索引 …… 140

例言

本書は、（社）日本工芸会が主催する日本伝統工芸展の各専門分野の部会構成（陶芸、染織、漆芸、金工、木竹工、人形、その他の工芸）に基づき全体を構成し、作品鑑賞のよりよい理解に資していただくため、各部会の代表的技法と作品についての概要を解説しています。

監修

柳橋　眞（日本工芸会）

森口邦彦（日本工芸会）

解説

陶芸＝木田拓也（東京国立近代美術館）

染織＝丸山伸彦（国立歴史民族博物館）

漆芸＝清水真砂（世田谷美術館）

金工＝大滝幹夫（文星芸術大学）

木竹工＝白石和己（東京国立近代美術館）

人形＝今井陽子（東京国立近代美術館）

その他の工芸＝大滝幹夫（文星芸術大学）

編集・構成

陶芸＝加藤伸也（日本工芸会・陶芸作家）

染織＝北村武資（日本工芸会・染織作家）

漆芸＝小椕種凰（日本工芸会・漆芸作家）

金工＝田中正幸（日本工芸会・金工作家）

木竹工＝飯塚小玕斎（日本工芸会・竹工作家）

大坂弘道（日本工芸会・木工作家）

人形＝芹川英子（日本工芸会・人形作家）

その他の工芸＝吉村芙子（日本工芸会・七宝作家）

陶芸

金重陶陽作　備前耳付水指

加藤土師萌作　萌葱金襴手丸筥

わが国のやきものの歴史は、約一万二千年前の縄文式土器にまでさかのぼることができます。その後、農耕文化の伝来とともに、弥生式土器が作られるようになり、古墳時代（五世紀）には、ろくろを使って成形し、窯を使って高温で焼成する技術が導入され、須恵器《すえき》が作られるようになりました。

そして、奈良時代には、奈良三彩と呼ばれる、釉薬を人為的にかけたやきものが作られるようになり、さらに鎌倉時代になると、瀬戸で、灰釉や天目釉をかけた**古瀬戸**《こせと》とよばれる本格的な施釉陶器が作られるようになりました。また瀬戸以外でも、**常滑**《とこなめ》、**信楽**《しがらき》、**越前**《えちぜん》、**丹波**《たんば》、**備前**《びぜん》などが窯業地としてさかえ、それぞれに特色あるやきものが作られていました。

室町末期には、茶の湯がさかんになり、美濃、瀬戸、伊賀、信楽、備前などでは、茶人の好みに対応した、独特な茶陶が作られるようになります。なかでも、美濃では、釉下絵付による鉄絵や、釉薬の工夫などによってそれまでにはない表現が可能となり、**志野**、**黄瀬戸**、**瀬戸黒**、**織部**といった独特のやきものがつくられるようになりました。また、豊臣秀吉による文禄・慶長の役（一五九二・一五九七年）をきっかけに、朝鮮半島から陶工が帰化したことによって、唐津、高取、上野《あがの》、薩摩、萩などで窯業がさかんになり、飛躍的に技術革新が

富本憲吉作　色絵金銀彩四弁花飾皿
自ら創案した「四弁花《しべんか》」の模様を、金銀彩であらわした華麗な作品です。

金重陶陽作　備前耳付水指
豪快、かつ品格にあふれた水指で、備前焼特有の窯変がみられます。

すすみます。そして、佐賀・有田では、一六一六年頃に磁器の原料となる陶石が発見され、わが国ではじめて磁器の焼成に成功しました。さらに、一六四七年頃には、有田の酒井田柿右衛門が**赤絵**（**色絵**）に成功し、**柿右衛門**、**古伊万里**、**色鍋島**、**古九谷**などといった華麗な色絵磁器が作られるようになり、一方、京都では、野々村仁清、尾形乾山などの名工があらわれ、陶器に色絵を施す技術が成熟を見せました。そして、江戸時代中頃からは、全国各地で窯業がさかんに行われるようになりました。

明治になると、石膏型による成形や石炭窯による焼成などといった新しい製陶技術や、新しい材料が導入され、次第に、工場での機械生産が行なわれるようになります。その一方で、個人作家としてやきものの制作に取り組む陶芸家があらわれ、さまざまな技法を駆使した、多種多様な作品が作られるようになりました。そして、日本伝統工芸展には、古くからの伝統的な技法や、そういったものにさらに独自の工夫を加えた技法による作品が、各地の陶芸家たちによって出品されています。

作品の鑑賞にあたっては、装飾技法や制作方法などを知ることによって、よりいっそう深く理解し、味わうことができることと思います。

加藤土師萌作　萌葱金襴手丸筥
萌葱《もえぎ》（薄い黄緑色）の表面に、金箔をつかって模様を表わした華麗な作品です。

石黒宗麿作　黒釉褐斑鳥文壺
黒釉に、褐色釉を重ねてかけ、蝋抜きで、無造作に鳥の模様をあらわした作品です。

やきものの産地

全国各地にたくさんの窯業地がありますが、それぞれの産地には、それぞれの歴史と特色があります。とくに、粘土などの原料の性質や、伝統につちかわれた装飾の技法などが、それぞれの産地の特色を生み出しています。

上野《あがの》＝文禄・慶長の役の後に帰化した陶工によって開窯されました。緑青釉の陶器に特色があります。（福岡県）

有田《ありた》＝一六一六年頃李参平によって陶石が発見され、わが国ではじめて磁器の製造がおこなわれました。**古伊万里**、**柿右衛門**、**鍋島**などがあります。**伊万里焼**とも呼ばれます。（佐賀県）

伊賀《いが》＝信楽と隣接し、同じ系統の陶土を産出しているので、よく似ています。青ビードロ釉を特色とする茶陶が焼かれていました。（三重県）

出石《いずし》＝透きとおるような白磁の磁肌に、彫文や透彫による装飾をあらわしたものに特色があります。（兵庫県）

越前《えちぜん》＝古くから、無釉焼締めの素朴な甕、壺、すり鉢などの日常雑器を作っていました。（福井県）

笠間《かさま》＝厚みのある甕、すり鉢、土瓶などの日常雑器が作られ

中里無庵作　黄唐津叩き壺

三輪休和作　萩茶碗

てきました。(茨城県)

唐津《からつ》＝文禄・慶長の役の後、窯業地としてさかえました。唐津の土は砂気が強く、鉄分を含んでいるため、素朴な渋さがあり、茶人に珍重されてきました。**絵唐津**、**斑唐津**、**朝鮮唐津**などと区別されて呼ばれます。(佐賀県)

京都《きょうと》＝京都のやきものは総称して**京焼**とも呼ばれます。地域性にとらわれることなく、ありとあらゆる様式、技法を駆使し、多彩な陶磁器が作られてきました。(京都府)

九谷《くたに》＝赤、黄、緑、紫、紺青色を厚めに塗った九谷五彩と呼ばれる華やかな色絵磁器に特色があります。(石川県)

鑑賞のポイント

●**黄唐津叩き壺**＝古唐津の研究にもとづき、紐状にした粘土を積み重ね、内側に当木をあてて、外側から羽子板状の叩き板で叩いて形を作った作品です。

●**萩茶碗**＝萩焼独特のやわらかい土を使って成形し、白濁釉をかけたもので、古くから茶人に愛されてきた萩焼特有の、やわらかい感じがあふれています。

●**備前筒形花生**＝釉薬を掛けないで長い時間をかけて焼成することによってできる備前焼特有の窯変が見られます。

●**飴釉十字掛大鉢**＝素地に飴釉を厚くかけ、さらにその上から白釉をひしゃくで流し掛け、無造作に十文字をあらわしています。

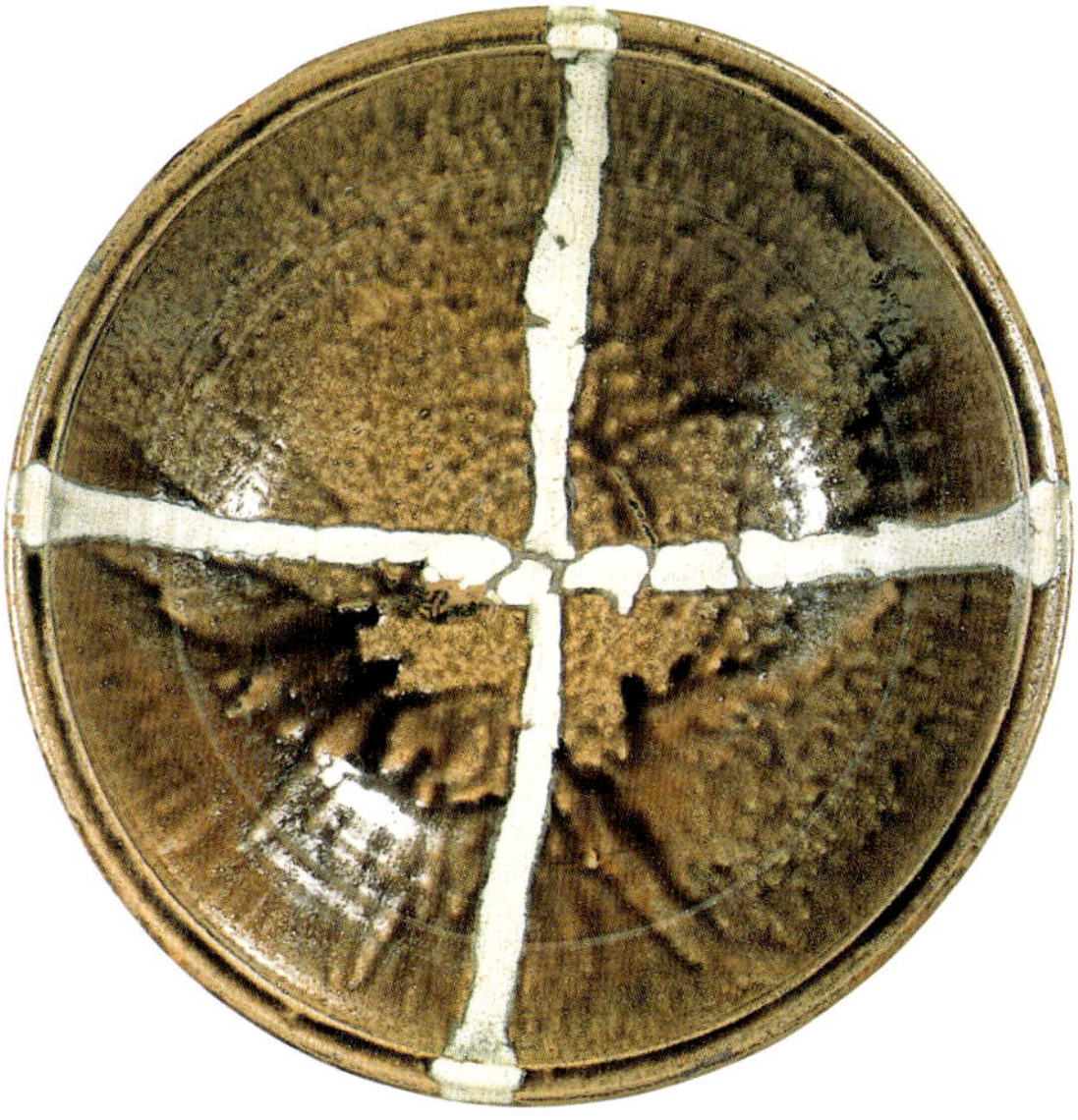

浜田庄司作　飴釉十字掛大鉢

藤原啓作　備前筒形花生

荒川豊蔵作　志野茶碗

江崎一生作　灰釉花器

やきものの産地

信楽《しがらき》＝良質の陶土を豊富に産出し、古くから窯業地としてさかえました。素地が粗く、明るい肌合いの素朴な焼締めを特色とします。（滋賀県）

瀬戸《せと》＝やきものが「せともの」ともよばれるように、古くから窯業地としてさかえました。古くは、天目釉を用いた古瀬戸が作られており、江戸時代後期からは、磁器が作られるようになりました。幅広く、ありとあらゆる陶磁器を作っています。（愛知県）

丹波《たんば》＝古くから、鉄分を多く含んだ陶土による、茶褐色の素朴な、甕、壺、すり鉢などの生活雑器が作られてきました。（兵庫県）

常滑《とこなめ》＝知多半島では、鉄分を多く含んだ陶土を産出します。朱泥《しゅでい》による急須などに特色があります。（愛知県）

砥部《とべ》＝江戸時代から染付などの磁器が作られ、四国地方でもっとも盛んな窯業地です。（愛媛県）

萩《はぎ》＝大道土《だいどうつち》とよばれる、浸透性の強い柔らかい土を使って、白濁釉のかかった李朝風の陶器が作られ、古くから茶人に珍重されてきました。（山口県）

万古《ばんこ》＝江戸時代には、赤絵の陶器が作られていましたが、無釉

清水卯一作　柿地黒線文鉢

奥川忠右衛門作　白磁牡丹唐草文鉢

の焼締でチョコレート色をした紫泥《しでい》の急須などに特色があります。(三重県)

備前《びぜん》=鉄分を多く含んで粘着性に富んだ田んぼの土を使っています。無釉で長い時間をかけて焼締め、土そのものの味わいを生かしたやきものに特色があります。(岡山県)

益子《ましこ》=民芸風の、厚みのある素朴な陶器に特色があります。(栃木県)

美濃《みの》=桃山時代には、黄瀬戸、瀬戸黒、志野、織部などの茶陶、食器類が作られていました。近年は、幅広く、ありとあらゆる陶磁器を作っています。(岐阜県)

鑑賞のポイント

●**志野茶碗**=百草土《もぐさつち》とよばれるやや粗目の土で成形し、志野釉をたっぷりと掛けて焼成したものです。

●**灰釉花器**=常滑の江崎一生は古常滑に注目した陶芸家で、素地に常滑の山土を使用し、口辺部分に鉄分を含んだ灰釉をかけ、むかしの須恵器のように、くすべて素地を炭化しています。

●**柿地黒線文鉢**=器の内外に柿釉を掛け、その上から別の釉を部分的に流し掛けすることによって、黒い筋文様をあらわしています。

●**白磁牡丹唐草文鉢**=輪花形の白磁の鉢に、片切彫りで文様をあらわした精巧な作品です。

やきものの基本分類

やきものは、一般的には、原料と特性の関係から、土器、炻器、陶器、磁器の四種類に大きく分類することができます。

土器＝低火度（五〇〇度〜九〇〇度程）で焼成したもので、釉薬はかかっていません。多孔質で吸水性があります。土器、埴輪など。

炻器《せっき》＝釉薬をかけずに、一、二〇〇度〜一、三〇〇度程で焼締めたもの。素地が緻密で、吸水性がほとんどありません。常滑焼、備前焼など。

陶器＝釉薬をかけて、一、一〇〇度〜一、二五〇度程で焼成したもの。素地は多孔質で、吸水性があります。原料には蛙目《がいろめ》粘土や木節《きぶし》粘土とよばれる陶土を使います。唐津焼、萩焼、益子焼など。

磁器＝素地が緻密で、吸水性がなく、白色で透光性があり、指先ではじくとすんだ音がします。一、二五〇度〜一、三五〇度程で焼成します。原料にカオリンや陶石を使います。有田焼、九谷焼など。

蛙目粘土（がいろめねんど）

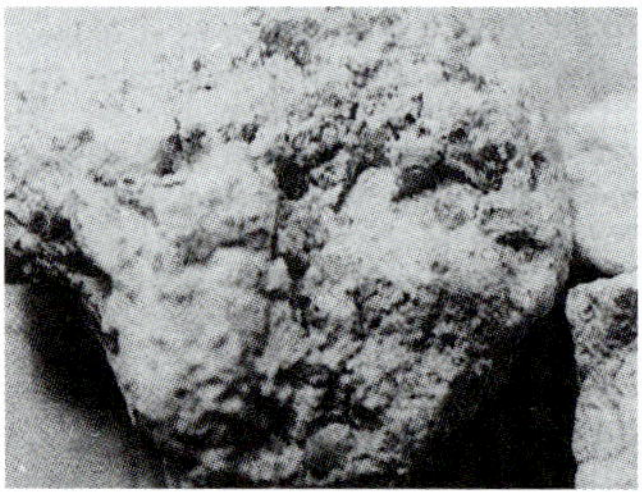

木節粘土（きぶしねんど）

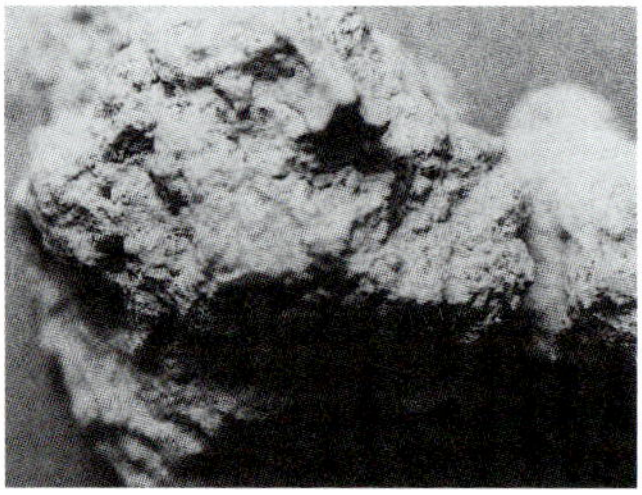

カオリン

藤原　雄作　備前大徳利

陶土と成形法

原料の土石類を粉砕してふるいにかけたり、水で漉《こ》したりしてから、素地を造るための**坏土**《はいど》を調合します。坏土のかたさにむらがあったり、気泡があると、傷の原因となるおそれがあるので、十分に**土練り**《つちね》をします。

陶磁器の主な成形法としては、**ろくろ成形**、**たたら成形**、**紐作り**《ひもづく》などがあります。ろくろ成形では、粘土を回転させながら、手で粘土を引きのばして形を作るので、まるい器を作るのに適しています。粘土を板状にしたものをたたらと呼びますが、たたらを円筒状にまいて器を作ったり、組み合わせて角鉢などを作る方法をたたら成形と呼びます。また、紐状にした粘土を積み上げて成形する方法を紐作りと呼んでいます。この場合は、指先やへらでつなぎ目を消したり、外側から羽子板のような板で叩《たた》いて形を整えたりします。

そのほかにも、道具を使わずに指先でのばしながら成形する**手捻り**《てびね》や、土型や石膏型を用いて成形する型作りなどがあります。

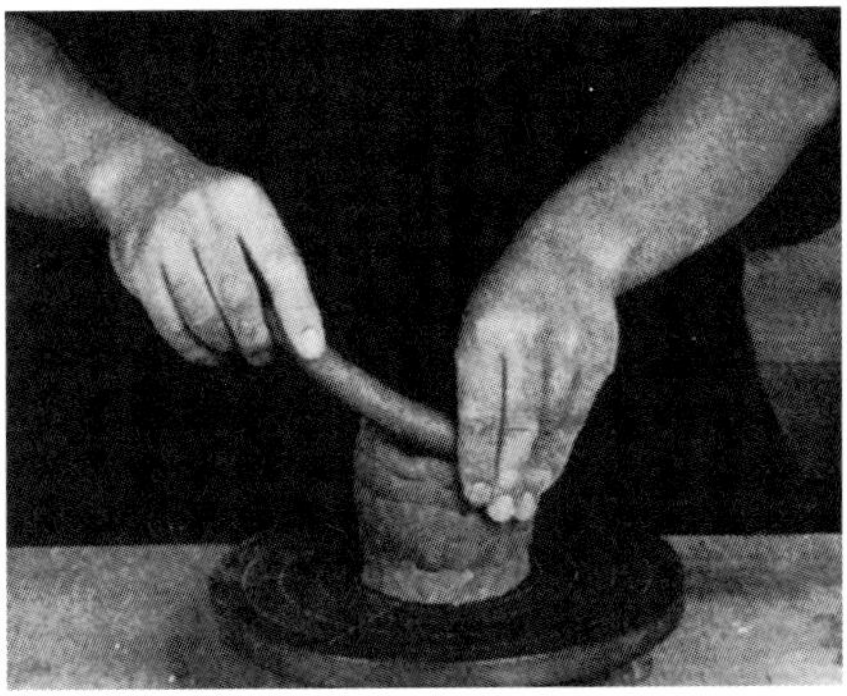
紐作り

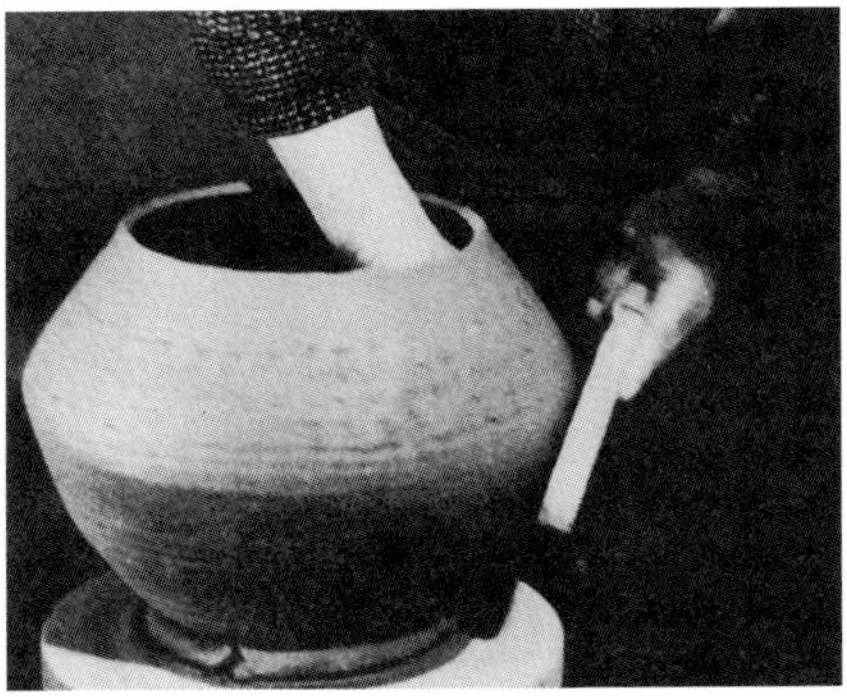
叩き

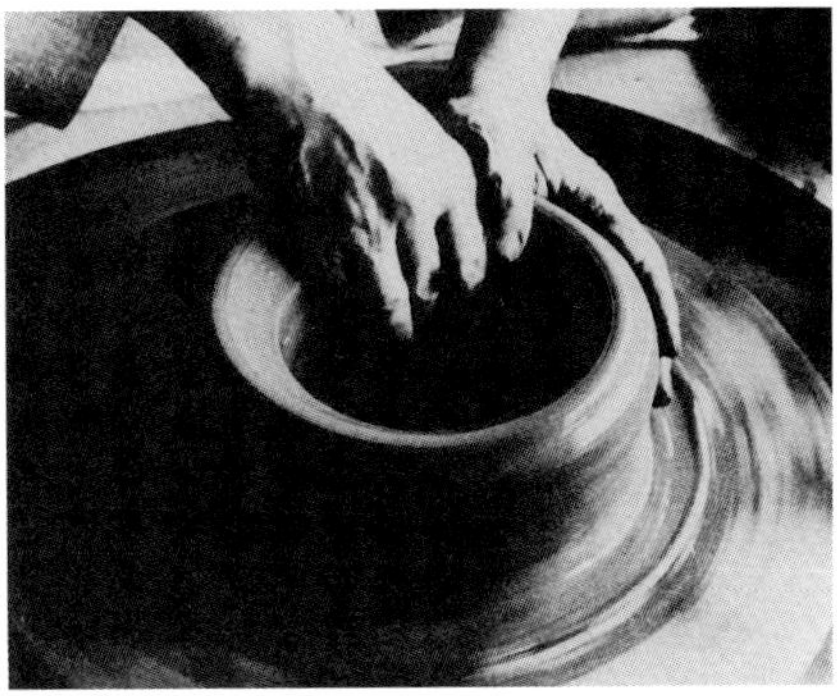
ろくろ

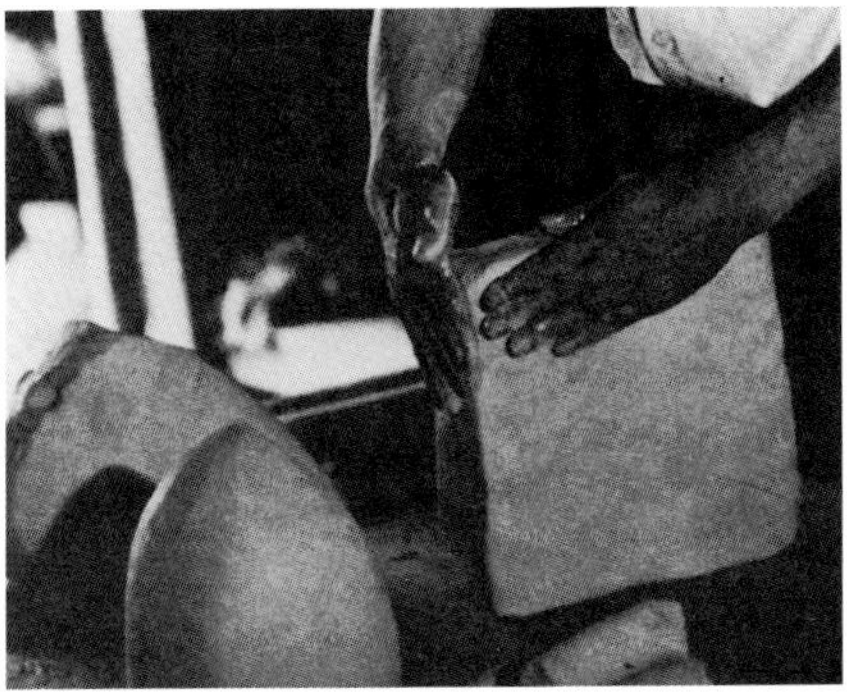
たたら

装飾技法

成形の時に行なう装飾技法としては、皿や鉢などの縁を一定の間隔でくぼませる**輪花**《りんか》、茶碗の高台に数カ所切込みをいれる**割高台**《わりこうだい》などがあります。そして、成形したものを乾燥させてから、表面を削って形を整えたり、彫って文様をあらわしたりします。カンナなどを使って彫って文様を施す技法を**彫文**《ちょうもん》といい、さまざまな印を押して文様を施す技法を**印花**《いんか》と呼んでいます。さらに、彫文、印花などによって窪んだところに、素地とは別の泥をうめて装飾する手法を**象嵌**《ぞうがん》といいます。また、素地を彫りぬいて文様をあらわすことを**透**《すか》**し彫**《ぼ》**り**といいます。

粘土そのものに、金属酸化物などを混ぜて色をつける方法を**練**《ね》**り込**《こ》**み**といいます。そして、異なった色の粘土を積み重ねたり、練り合わせたりして形を作り、縞模様やマーブル模様をあらわしたものを**練上手**《ねりあげで》といいます。

素地に白い化粧土（**泥漿**《でいしょう》）をかけて白く見せる手法を**化粧掛け**といい、これを、刷毛を使ってさーっと、無造作にひいたものを**刷毛目**《はけめ》といいます。また、化粧土に金属酸化物などをまぜて化粧掛けすることを**泥彩**《でいさい》といいます。

素焼きを終えた素地に、酸化コバルト（呉須）や鉄や銅などを使って文様をあらわし、その上から透明釉などをかけて本

松井康成作　練上華文大壺

鈴木蔵作　志野象嵌花器

焼きしたものを下絵付《したえつ》けと呼んでいます。染付《そめつけ》、鉄絵、釉裏紅《ゆうりこう》などです。

鑑賞のポイント

●**志野象嵌花器**＝素地に赤土を塗ってから、これを掻き落として、象嵌の技法で白と黒の筋をあらわし、めりはりのある変化をつけた作品です。

●**練上華文大壺**＝練上げの技法を駆使した作品です。異なった色土を重ねた断面で花の文様をあらわしています。

●**鉄絵葡萄文大壺**＝刷毛目による白化粧に、無造作な筆づかいの鉄絵で葡萄模様をあらわしています。

●**染付柘榴文壺**＝大胆な筆づかいの染付で柘榴をあらわしています。

近藤悠三作　染付柘榴文壺

田村耕一作　鉄絵葡萄文大壺

釉薬による技法

高火度釉

釉薬《ゆうやく》とは、ガラス質の薄い皮膜です。陶磁器の表面を釉薬で覆うことによって、素地の吸水性をなくすことができると同時に、装飾効果がうまれます。媒熔剤に鉛やソーダを使い七〇〇度～一、一〇〇度程度で融かすものを**低火度釉**といい、カラフルな色彩のものが得られます。長石に木灰や石灰や金属化合物などを調合し一、二〇〇度～一、三〇〇度で融かすものを**高火度釉**といいます。

飴釉《あめゆう》＝鉄質釉で、飴色、つまり、褐色に発色します。

伊羅保《いらぼ》＝いらいら、いぼいぼとしたざらめきのある釉肌をしていることからこの名称があるとされています。鉄分を含んだ粘土に木灰を加えて調合したもので、黄土色に発色します。

御深井《おふけ》＝淡黄緑色を呈します。尾張徳川家の御用窯で作られた御深井焼《おふけやき》に由来します。

織部《おりべ》＝「織部」という名称は織部焼に由来します。銅分を調合して酸化焔焼成し、青緑色に発色したものです。

灰釉《かいゆう》＝草木の灰を媒溶剤とした釉薬です。イネ灰類、土灰類、

鈴木蔵作　志野茶碗

荒川豊蔵作　瀬戸黒茶碗

藁灰類があります。

黄瀬戸《きせと》＝鉄分を含んだ釉薬を、還元焔焼成によって、黄色く発色させたものです。潤いのある、やわらかい黄色に特色があります。

均窯《きんよう》＝珪酸の多い青磁釉が、白濁したラベンダー色に発色したものです。

黒釉《こくゆう》＝鉄分を多く含んだ釉薬で、黒色になります。

自然釉《しぜんゆう》＝薪窯などで、燃料の灰が素地に付着し、灰の石灰分と素地の長石分が融けて釉になったものです。

鑑賞のポイント

●**志野茶盌**＝長石からなる志野釉をたっぷりと厚くかけた茶盌です。ところどころ赤くなっているのは、鉄分によるものです。

●**瀬戸黒茶碗**＝鉄分を多く含んだ釉薬を掛け、焼成中に窯から引き出して水につけて急冷させたもので、しっとりとした漆黒色が特色です。

●**鬼萩割高台茶碗**＝粗い砂を多く含んだ粘土を素地に使い、それに白い釉薬をたっぷりと掛けています。高台に切込みを入れて、割高台《わりこうだい》としています。

●**鉄耀扁壺**＝鉄分を多く含んだ釉薬を厚く掛け、部分的に指先で掻き落としています。

清水卯一作　鉄耀扁壺

三輪休雪作　鬼萩割高台茶碗

志野《しの》＝ほとんど純粋な長石からなる釉で、白色です。

辰砂《しんしゃ》＝銅分を調合して、還元焔焼成し、鮮紅色に発色したものです。

青磁《せいじ》＝鉄分を含んだ釉薬が、還元焔焼成によって、薄い青緑色に発色します。

青白磁《せいはくじ》＝鉄分を微量に含んだ釉で、うっすらと青く発色します。彫りくぼんだ部分に釉が厚く溜まり、影を落としたように青く発色することから、**影青《いんちん》**とも呼ばれます。

瀬戸黒《せとぐろ》＝鉄分を多く含んだ釉薬による深みのある漆黒色に特色があります。焼成中に、窯から引き出して、水につけて急冷させるため、引出し黒とも呼ばれます。

朝鮮唐津《ちょうせんからつ》＝唐津焼きの一種で、白濁の藁灰釉と黒釉を掛け分けたものをいいます。

天目釉《てんもくゆう》＝この「天目」という名称は天目茶碗に由来しますが、黒褐色に発色する鉄質釉を総称して天目釉といいます。飴《あめ》釉《ぐすり》、黒釉、柿釉、鼈甲《べっこう》釉などが含まれます。

透明釉《とうめいゆう》＝透明で光沢があり、下絵具がはっきり見える釉薬です。

白磁《はくじ》＝白色の磁器に透明釉を施したものです。

釉裏紅《ゆうりこう》＝釉の下に、銅分による鮮紅色の文様のあるものをいいます。

原　清作 均窯鉢

井上萬二作 青白磁彫文鉢

三浦小平二作　青磁輪花鉢

鑑賞のポイント

●**均窯鉢**＝均窯《きんよう》と呼ばれる珪酸分を多く含んだ釉薬が厚く掛かり、白濁したラベンダー色に発色しています。わずかな紅紫色は、銅分によるものです。

●**青白磁彫文鉢**＝鉢の底面に彫文で植物の文様をあらわしていますが、文様の部分に青白磁釉が厚めにかかり、鮮明に発色しています。

●**青磁輪花鉢**＝佐渡の無名異《むみょうい》という鉄分を多く含んだ土を使っています。釉面に貫入がみられます。

●**青白磁大皿**＝青白磁釉が、皿の縁の内側の部分と、底の部分に溜まり、濃く発色しています。

塚本快示作　青白磁大皿

上絵付

釉薬をかけて高火度で焼成した器などの表面に、**上絵具**《うわえのぐ》をつかって模様などをあらわし、さらに上絵窯（錦窯）にいれて低火度（七五〇度〜八五〇度）で焼付ける方法を**上絵付**《うわえつけ》と呼んでいます。上絵具は、透明なガラス粉末のようなものに、鉄分、銅分、マンガン、コバルトなどを混ぜて調合したものです。上絵付の技法は、中国・宋の時代の宋赤絵にはじまります。わが国では、一六四七年頃に、有田の初代酒井田柿右衛門が色絵磁器の製造に成功し、その後は、柿右衛門、色鍋島、古九谷などの華麗な色絵磁器がつくられました。赤、黄、緑、紺、紫などに、金や銀を加え、釉薬や下絵付よりも多彩で華やかな表現が可能となります。

色絵《いろえ》＝本焼きした陶磁器の釉の上に、赤、黄、緑、紺、紫などの上絵具で絵付けし、さらに、上絵窯（錦窯）に入れて低火度で焼付けたものを総称して色絵といいます。**赤絵**、**上絵付**、**五彩**、**錦手**《にしきで》などとも呼ばれます。

色鍋島《いろなべしま》＝江戸時代、鍋島藩の御用窯では、献上品用として、精選された材料と高度な技術にもとづく、精巧で格調高い色絵磁器が作られていました。染付の青に、赤、緑、黄などを上絵付けして文様をあらわしたものを色鍋島と呼んでいます。有

藤本能道作　色絵銀彩合歓双雀図筥

富本憲吉作　赤地金銀彩羊歯文飾壺

田の今泉今右衛門家がその伝統技法を受け継いでいます。
柿右衛門《かきえもん》＝初代酒井田柿右衛門は、一六四七年頃に、わが国ではじめて、白磁胎の上に上絵付けする赤絵の技法に成功しました。**濁手**《にごしで》と呼ばれる乳白色の素地に、赤、群青、黄、紫、黒など多くの色を使って彩色しているのが柿右衛門の特色です。酒井田家は、代々柿右衛門を名のっており、同家で作られる色絵磁器をさして、柿右衛門とよびます。
金彩《きんさい》＝赤絵や釉薬の上に、金泥（金箔を粉末にして溶剤で融

鑑賞のポイント

●**赤地金銀彩羊歯文飾壺**＝赤絵具の上に、金彩と銀彩によって羊歯文様をあらわした華麗な作品です。

●**色絵銀彩合歓双雀図筥**＝さまざまな上絵具をつかって、写実的に、合歓木と雀をあらわしています。

●**色絵金彩菊文水指**＝色絵による菊の文様と金彩による菱形の文様を交互に配しています。金彩が、白磁に直接焼付けられています。

●**色鍋島薄墨草花文鉢**＝灰色に発色する釉下原料を吹き付けた薄墨《うすずみ》が、色絵を効果的にみせています。

今泉今右衛門作　色鍋島薄墨草花文鉢

加藤土師萌作　色絵金彩菊文水指

いたもの）で模様を描き、さらに窯にいれて焼付けたものを金彩とよびます。金彩は、下地の絵具の焼付け温度より少し低い温度（五三〇度～六〇〇度程）で焼付けます。そして、焼付けた金の表面を、メノウなどで磨いて艶を出します。また、金のかわりに、水金《みずきん》（金液）と呼ばれるものを使うこともあります。

金襴手《きんらんで》＝金泥で彩色するのではなく、金箔を色絵や釉薬の表面に貼り付ける方法を、金彩と区別して、金襴手と呼んでいる場合が多いようです。織物で、赤地に金を織り込んだものを金襴というところからこの呼び名があります。下地の色によって、萌葱《もえぎ》金襴手、黄地金襴手、紅地金襴手などがあります。やきものには、特別の厚い金箔を使用するのですが、焼付ける時の温度が高すぎると、金箔が釉の中に沈み込んでしまうことがあります。そして、窯から出した後、メノウ等で金の表面を磨きます。漆をつかって貼り付けることもあります。

彩釉《さいゆう》＝本焼きした磁胎に色釉を施して焼き付ける技法を彩釉磁器と呼びます。異なった色の釉薬で器の表面をうめると、焼成の際に釉薬が融けあって色釉の微妙な濃淡の変化が生まれます。

三彩《さんさい》＝鉛に銅分や鉄分などを加えた低火度釉を施す技法を三彩と呼び、唐三彩、奈良三彩などに見られます。緑、黄、藍色などがありますが、三色とは限りません。

加藤卓男作　三彩鉢　蒼容

徳田八十吉作　燿彩壺

釉裏金彩《ゆうりきんさい》＝釉の表面に金箔を貼り、さらに、その上から低火度釉を施したもので、金箔が、釉薬と釉薬の間に、サンドイッチ状に挟まっているものです。金箔が、釉薬によって覆われているため、金の耐久性がよくなります。しかし、焼成の時に、上の釉が金箔を融かし込んだり、釉がちぢれて箔をめくりあげたりすることがあります。

鑑賞のポイント

●**燿彩壺**＝磁胎に、黄、緑、紺、紫などの異なった色釉を施した色鮮やかな作品です。焼成で色釉同士が融け合い微妙な濃淡を生み出しています

●**三彩鉢　蒼容**＝淡く色鮮やかな青、緑の低火度釉を用いた現代感覚あふれる三彩です。

●**色鍋島緑地更紗文八角大皿**＝輪郭線を呉須で線描し、その中側をだみでうめ、文様の外側を緑色でうめて文様をあらわしています。

●**色絵草花文大鉢**＝濁手《にごしで》と呼ばれる乳白色の素地に余白をたっぷりとって、赤、緑、黄、青で植物模様を表わしています。

13代酒井田柿右衛門作　色絵草花文大鉢

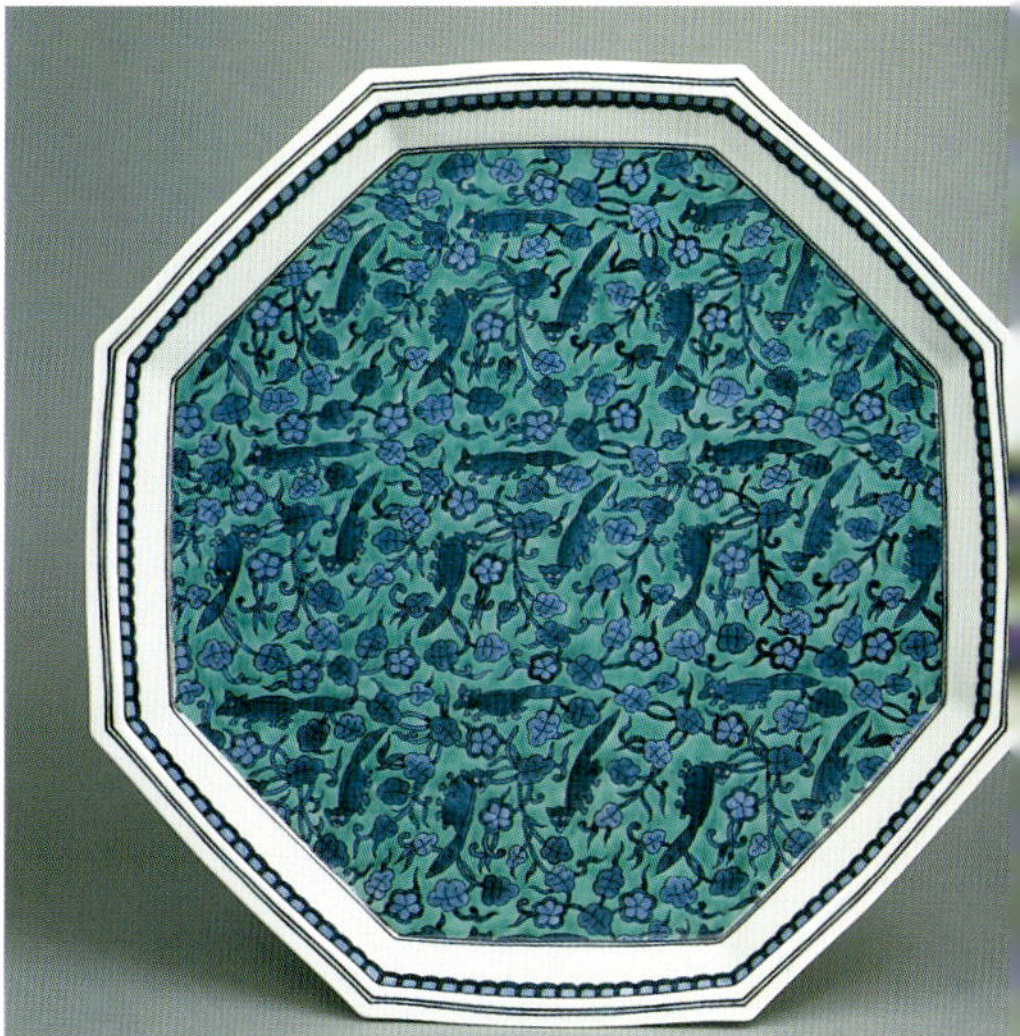

12代今泉今右衛門作　色鍋島緑地更紗文八角大皿

金重陶陽作　備前大鉢

鑑賞のポイント

●**備前大鉢**＝備前焼特有の緋襷《ひだすき》があらわれています。これは焼成の時に藁のアルカリ分と素地の鉄分が反応してあらわれるものです。

●**肩衝茶入**＝焼成の時に自然に降りかかった灰が釉化し、景色をつくっています。

●**梨皮紫泥茶注**＝常滑独特の鉄分を多く含んだ土による急須です。梨《り》皮泥《ひでい》を本体に、紫泥《しでい》を蓋につかって組み合わせています。

焼成

陶磁器を焼成する窯には、**穴窯**《あながま》、**登窯**《のぼりがま》のように、薪《まき》を燃料として使用する窯が使われていましたが、近年では、電気窯やガス窯が一般的です。

通常、窯詰めの際には、匣鉢《さや》に入れたり、棚板にならべて窯の中に積み上げます。

水分の蒸発や、有機物の分解があるので、焼成の温度を徐々に上げていき、窯の中の温度分布ができるだけ均一になるようにします。素地が焼締り、釉薬がガラス化する段階（一、〇〇〇度～一、二〇〇度）において、還元焔か、酸化焔かということが、釉薬の色調などに影響を与えます。

燃料を完全燃焼させることを**酸化焔焼成**といい、燃料を多量に入れて、窯の中の酸素を薄くし、釉薬や素地の中の酸化金属から酸素がうばわれる状態で焼成することを**還元焔焼成**といいます。

例えば、微量の鉄分を含んだ釉薬は酸化焔では黄色に、還元焔では青緑色に発色します。

山田常山作　梨皮紫泥茶注

山本陶秀作 肩衝茶入

【陶芸の用語】

井戸《いど》＝井戸茶碗。高麗茶碗の一種で、古くから茶人に珍重されてきました。確かなことは明らかではありませんが、李朝時代（16世紀頃）、慶尚南道あたりで作られたと推測されています。

伊万里《いまり》＝佐賀県有田およびその周辺で焼造された磁器の総称で、伊万里港から出荷されたため、このような名で呼ばれていました。なお、明治以降は、有田焼の名称で呼ばれることが多いようです。

烏泥《うでい》＝黒く焼きあがった無釉の有色炻器《せっき》のことで、黒泥ともいいます。烏の羽の色に似ていることからこの呼び名があります。朱泥に対しての呼称で、常滑焼、万古焼にみられます。

鬼萩《おにはぎ》＝萩焼の一種で、素地に粗い砂が多量に入ったものをいいます。

掻《か》**き落**《お》**とし**＝素地に、化粧土または釉を塗り、その後、へらなどを使って削り落として模様をあらわす意匠法です。

掛《か》**け分**《わ》**け**＝ひとつの器に二種以上の釉薬を分けてかけることです。織部焼などに用いられている施釉の方法です。

貫入《かんにゅう》＝釉面にあらわれたひびのことです。素地と釉薬の収縮率の違いによって生ずるもので、貫乳とも書きます。

均窯《きんよう》＝鈞窯《きんよう》とも書きます。中国河南省に属した鈞州の窯の略称です。白濁したラベンダー色を特色とし、北宋・金・元時代に盛んに焼造されました。

呉須《ごす》＝染付の顔料で、酸化コバルトを主成分とします。還元焔焼成により、藍色に発色します。

粉引《こひき》＝粉吹《こふき》ともいいます。鉄分の多い黒っぽい素地に白化粧をほどこして、灰釉を掛けたもので、粉を引いたように、あるいは、粉を吹いたように見えるのでこのように呼ばれます。

墨流《すみなが》し＝化粧土のなかに、鉄分の多い泥を入れて、かき混ぜると流泥文があらわれますが、これを器の表面に施したものです。

炭化《たんか》＝窯のなかに、松葉のような煤の大量に出る燃料を投入して、炭素を素地に吸着させることです。くすべ焼ともいいます。

茶入《ちゃいれ》＝茶道具の一種で、濃茶（碾茶《ひきちゃ》）をいれる陶製の小壺です。茶道具のなかでも、鑑賞的価値が高いもので、象牙の蓋をし、仕服《しふく》で包みます。

天目《てんもく》＝高台が低く、腰部が漏斗状に開いており、口縁部分が内側にややすぼまって外反する形態をした茶碗を天目茶碗と呼びます。また、天目茶碗に用いられている釉と同種の鉄質釉のことを総称して天目釉と呼びます。

流《なが》し掛《が》け＝全面に釉をかけ、さらにその上から別の色釉を柄杓などを使ってかけることを流し掛けと呼びます。

濁手《にごしで》＝乳白色の素地のことで、米のとぎ汁を「にごし」と呼ぶところからこの名があります。柿右衛門の素地に見られます。

緋襷《ひだすき》＝無釉の陶器の表面に襷状の褐色や赤色の条線があらわれたものを緋襷（火襷《ひだすき》）といいます。これは、藁《わら》のアルカリ分と素地の鉄分が反応して生み出されるものです。

水指《みずさし》＝茶道具の一種で、茶席で用いる蓋付きの貯水器です。釜へ補給するためなどの水を入れておくものです。

染織

喜多川平朗作　羅（部分）
正倉院の遺品を研究して復元した襷文の羅です。緯糸と経糸が編物ように絡みあった織物で、透き通るような繊細な美しさは時代を超えた魅力があります。

清水幸太郎作　紗綾地蛤文浴衣（部分）
伝統的な長板中形である「京おっかけ」による仕事です。二枚の型紙で生地の表裏二回、合計、四回の糊置を正確に行なうにはきわめて精巧な技術を要します。

染織は、文字通り、染めることと織ることをいいます。わが国の染や織は、その意匠や技術を主に海外からの影響の下に発達させてきました。飛鳥・奈良時代には隋・唐から、室町・桃山時代には明や南蛮から、そして明治時代には西欧から多大な影響を受けました。しかし、染や織の技術はわれわれが衣生活を営むうえで不可欠のものであり、風土と不可分であること、そしてまた、四周を海に囲まれ他民族に一度も制圧されなかったという歴史の幸運によって、わが国では先進的、且つ、独創的な染織文化が連綿と育まれてきました。

画期となったのは、平安時代と江戸時代です。平安の中期以降、公家文化はようやく圧倒的な大陸文化の影響下を脱し、わが国の風土に根差した和様化への道を歩みはじめました。服飾も意匠・技法の両面に独自のアレンジが加えられ、束帯や女房装束をはじめとする日本独自の装飾様式が築き上げられていきました。江戸時代には、今日のきものの祖型である小袖が一般化し、単純な文様の域を越えた、多彩な装飾が展開しました。各藩は殖産興業の一環として染織業の育成に力を注ぎましたし、都市の町人を中心とする経済力も増大して、友禅染や小紋などに象徴されるように、技術的にも意匠面でも巧緻をきわめた特色のある染織工芸が展開しました。

明治になりますと、怒濤のように押し寄せる西欧の技術の

喜多川平朗作　紅地鳥蝶唐花文錦
厳島神社の宝物を復元した作品です。長年にわたる上代の織技・染色法についての研究にもとづいた労作で、唐様と和様の調和した平安時代独自の意匠を見事によみがえらせています。

鈴木苧紡庵作　越後上布経入菊華文着物
苧麻より手績みした麻糸や織り上げた布地を雪晒しで漂白するのが越後上布の特色です。伝統の絣柄には、縞や格子だけでなく、創作的な意匠も積極的に取り込まれています。

前に、日本の伝統的な染織は存在を脅かされました。産業革命の洗礼を受け驚異的な生産効率を獲得したかの地の染織製品に対して、長いこと鎖国下にあったわが国の技術が劣勢を強いられたのは致し方のないことでした。しかし、新しい時代への対応は迅速でした。化学染料の輸入や力織機の導入など、先進的な工芸技術や技法を積極的に導入するとともに、海外の博覧会への出品や国内における勧業博覧会によって産業の振興を進めたので、近世的な染織工芸は近代的な産業へと急速な変身を遂げていきました。

このような急進的な近代化への対応の蔭で、旧来の手仕事による染織技術が窮地に追い込まれたのは事実です。たしかに、手間暇を厭わず丹精込めて、織り、染めるという技術は、近代産業として成長していく条件を満たしていなかったかもしれません。しかし、それだけに手技による染と織には、合理性に拘泥せず、純粋に美術的な目標に向かって邁進する道が開けたといえるかもしれません。現代の染織工芸には、平安時代から江戸時代に亘って服飾を舞台に培われた伝統が結晶しています。しかも、その技術と意匠は、単なる伝統の墨守にとどまらず、今日的な創意と洗練によって日本独自の美意識を最大限に発揮した芸術の領域として広く認知されているのです。

中村勝馬作　友禅訪問着「縢」

「縢」はかがり糸のこと。玩具の手毬の色糸から着想を得たという斬新な意匠が目を引きます。背面の左側を余白とした構図も意表を突くもので江戸前期寛文小袖の大胆さを彷彿させます。

木村雨山作　友禅訪問着「群」

写実的な個々のモチーフの表現から出発して、抽象的な独自の意匠を構成しています。伝統的な防染糊に蝋を併用し、友禅染に新境地を切りひらいている点も注目されます。

染織品の素材

染織の素材には、まず、天然繊維と化学合成繊維に大別されます。化学繊維が登場したのは、一八八四年ですので、それまでは天然素材しかありませんでした。天然素材はさらに植物系と動物系の別があり、後者は絹と動物の毛を用いるものとに分かれます。古代中国では葛や麻が使われており、日本もその影響を受けて楮《こうぞ》や苧《からむし》、藤、科《しな》の木などを績《う》んで使用していました。

絹業は三世紀頃に中国から伝来したといわれ、『魏志倭人伝』に「苧麻を栽培し細紵を、蚕を集積して縑《かとり》を作った」とあります。五～六世紀には大陸から帰化人によって高度な養蚕・染織の技術がもたらされ、薄絹・綾・経錦《たてにしき》・緯錦《ぬきにしき》・羅・綺《あや》などが製織されるようになりました。以後、しばらくの間、わが国の染織素材は絹と麻を中心に展開しますが、一六世紀末になって大きな転換期がおとずれます。それまで輸入に頼っていた木綿が国内でも栽培されるようになり、日常的な衣料として急速に普及していったのです。

そのほか、アイヌの厚司《あつし》織ではニレ科のオヒョウの樹皮から採った糸が用いられ、沖縄地方では芭蕉の繊維が多用されました。また、紙布では紙糸が絹・麻・木綿糸などとともに使用されますし、紙衣の場合は紙自体が生地となり染色の素材となります。

芭蕉＝芭蕉の靭皮《じんぴ》繊維を細かくさいて糸とする（績《う》む）

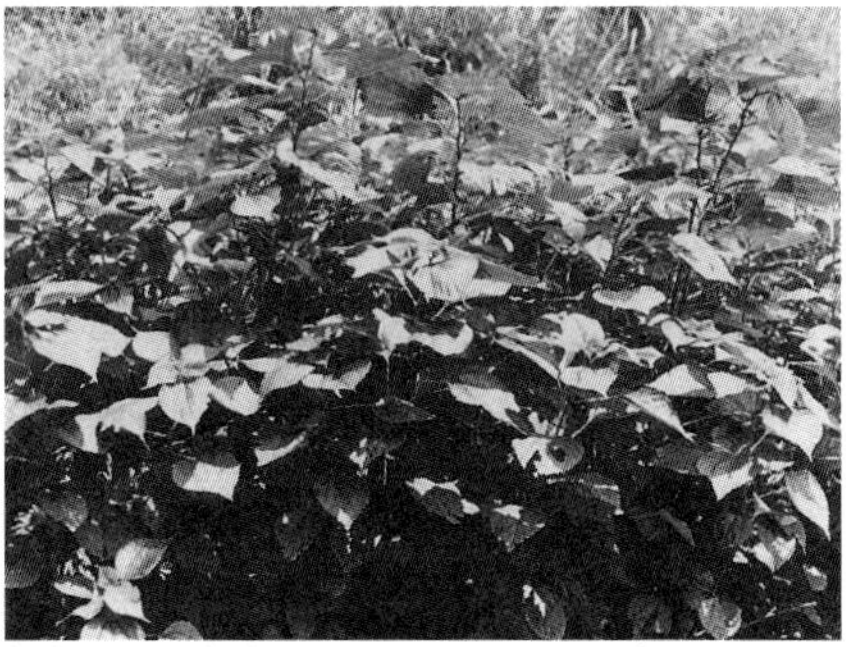

苧麻《ちょま》＝苧麻の靭皮《じんぴ》繊維を細くさいて糸とする（績《う》む）

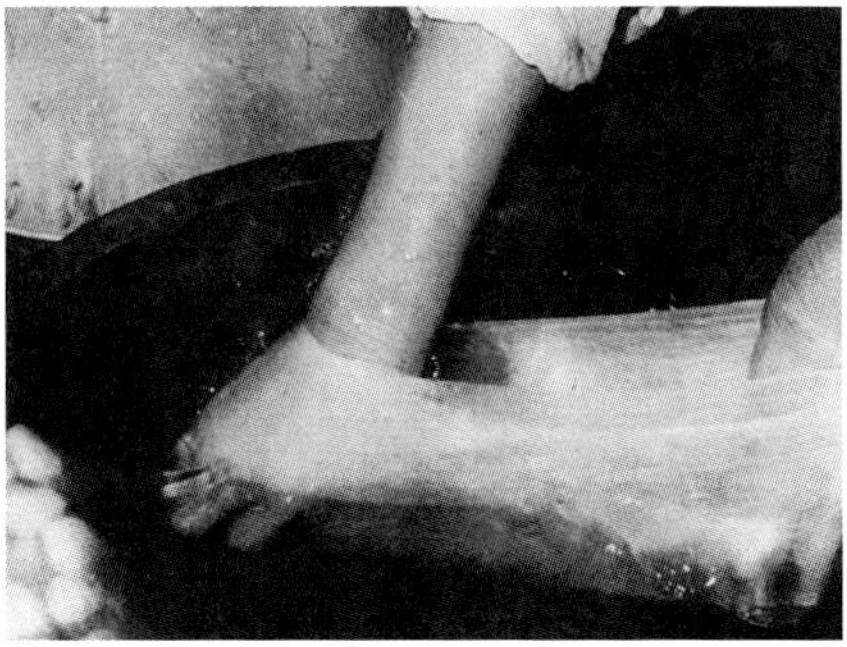

繭《まゆ》＝繭玉から、糸を引き出す（紡《つむ》ぐ）

染の技法

「染」は、繊維などを色素で染める技術で、生地を織る前に糸染をする**先染**と、織り上がった白生地を染める**後染**に大別されます。御召や紬、絣などは先染、友禅染や小紋、絞り染の類は後染に属します。また、染料には、天然の植物や動物・鉱物から採取した天然染料と、化学（合成）染料があります。化学染料が初めて舶載されたのは幕末から明治初期にかけてですから、近世までの染料は天然染料、なかでも藍や紅などの植物染料が中心でした。

天然染料を繊維に吸着させるには、多くの場合媒染剤が用いられます。媒染剤は、染料と繊維との結合を化学的に安定させる働きをします。

染法としては染料の溶液に浸して染め上げる**浸染**《しんぜん》と、染料をなすり染める**捺染**《なっせん》とに別れます。近世までの染法の基本は浸染で、捺染は化学染料との組み合わせで急速に普及しました。

なお、染料が水に溶けて繊維の表面だけでなく、内部にまで浸透して着色するのに対して、不溶性で繊維の表面だけに付着して着色するものを**顔料**といいます。友禅染は繊細な色挿しによる賦色を特徴としていますが、化学染料のない江戸時代の色挿しは、水溶性の染料に沈澱剤を加えて不溶性にしたレーキ顔料の使用によって可能となりました。

友禅染の彩色

板場＝三間半の長さの板に生地を張り、糊置き等をして染める

水洗＝色染めが定着した後、水洗いをして防染糊を洗い出す

森口華弘作 友禅訪問着「梅林」

山田 貢作 友禅着物「夕凪」

友禅

友禅染の名は、一七世紀の終わり頃、京都で活躍した扇絵師宮崎友禅に由来します。ひとびとを魅了した友禅の描く清新な図柄。京都堀川近辺の染工たちが開拓した先進的な染色技法。このふたつが相俟って、友禅染は一世を風靡し、江戸時代のモードを一変させました。細い糸目糊と多彩な色挿しによって、絵画にも比肩される自由な図様を表現できる、それが友禅染の特徴でした。従前の刺繡と絞り染を中心とした意匠の限界が、友禅染により一気に払拭されたのです。

今日の友禅染は、江戸時代の技術を基礎に大きく発展しました。本来の技法は、一切の工程が手描きである**本友禅**（**手描き友禅**）に継承されています。口金を付した漏斗《ろうと》状の渋筒に糯米《もちごめ》を主剤とする糊を入れ、絞り出すようにして模様の輪郭を縁取り、糸目の糊を置いていきます。この**筒描**《つつがき》のほか、細い棒や篦先に糊を取って糸目を引く**楊子糊**《ようじのり》という技法もあります。糯米の糊のかわりに、ゴム糊（板状の生ゴムをベンジンで適当な固さに伸ばしたもの）を用いる場合もありますが、糸目と多彩な色挿しが友禅染独特の妙趣を演出していることに変りはありません。また、熱い蝋も糊のかわりに防染材として使われるようになり、表現の領域はさらに拡がっています。

田島比呂子作 友禅訪問着「入江」

羽田登喜男作 友禅着物「白夜」

これに対して、より力強い表現を指向してあえて糸目をのこさない技法に**堰出友禅**《せきだし》があります。直接絵筆で生地に図様を描く描絵《かきえ》も、広くは友禅染に属し、**無線友禅**と称されます。また、幕末期には型紙を用い、染料を刷り込んでいく摺友禅染の技術が盛行し、化学染料の普及しはじめた明治一二〜一四年には糊に染料を混ぜて蒸熱することによって着彩する写し友禅染の技法が完成しました。これが**型友禅**（板場友禅）です。もともとは量産を目的としていたのですが、糸目のない型友禅には独特の味わいがあり、精緻な図様の創出に意が凝らされていきました。

鑑賞のポイント

●**友禅訪問着「梅林」**＝明確な輪郭の表現は、堰出と賦彩の併用、蒔糊によるグラデーションや濃淡の効果を加味して幻想的な春の夜明けを表現した印象深い作品です。

●**友禅着物「夕凪」**＝糸目と堰出の技法を駆使した網干の文様です。簡明な線を強調した構成と清新な色調は現代的で妙趣に富んでいます。

●**友禅着物「白夜」**＝蝋による防染の新しい表現をベースに、絵画的素材を斬新な視点で捉え直し、見事に「和」の意匠として完成させています。友禅染の新たな可能性を示した作品です。

●**友禅訪問着「入江」**＝江戸時代以来、友禅染の格好のモチーフであった水辺の風景模様を、鋭角表現を多用しながら優美にまとめた造形感覚が、確かな堰出技法の効果とあいまった作品です。

型染

型染は、型を用いて文様を染め出す染色技法の総称。量産に適しますが、その一方、型であらわされた文様には自然と対照的な整斉の美があります。古くから地域を問わず型染が愛好されてきたのは、この量産性と独特の美の様式があったからにほかなりません。

一口に型染といっても、染色の素材、型の材質、防染の手法などさまざまです。まず、染色の対象となるものは布帛《ふはく》と革に大別されます。型には木・紙・金属などの種類があります。型の使い方も多様で、型の部分に彩色する直接法（捺染法）と型によって防染するものに分類され、後者は型の部分が染め残されるものと、型によって糊や臈などの防染材を付着されるものとに分けられます。さらに、すでに染色されている部分に型を置いて周囲の染料だけを染め抜く抜染法という技法もあります。

文様をあらわす手法には、**浸染**、**引き染**、顔料による**色挿し**のほか、革専用の手法として**熏**《ふすべ》などがあります。厳密には染ではありませんが、金箔や銀箔などを付着させる摺箔なども、型紙を用いる技法であり、広義の型染の範疇に入ります。

近世に発達した中形や小紋は、紙型を用いて防染糊を置き浸染や刷毛染をする技法で、沖縄の紅型もこれに類します。明治初期に確立した型友禅も独自の発展を遂げています。

松原定吉作　長板中形浴衣　変縞（部分）

小宮康孝作　江戸小紋着物　十絣（部分）

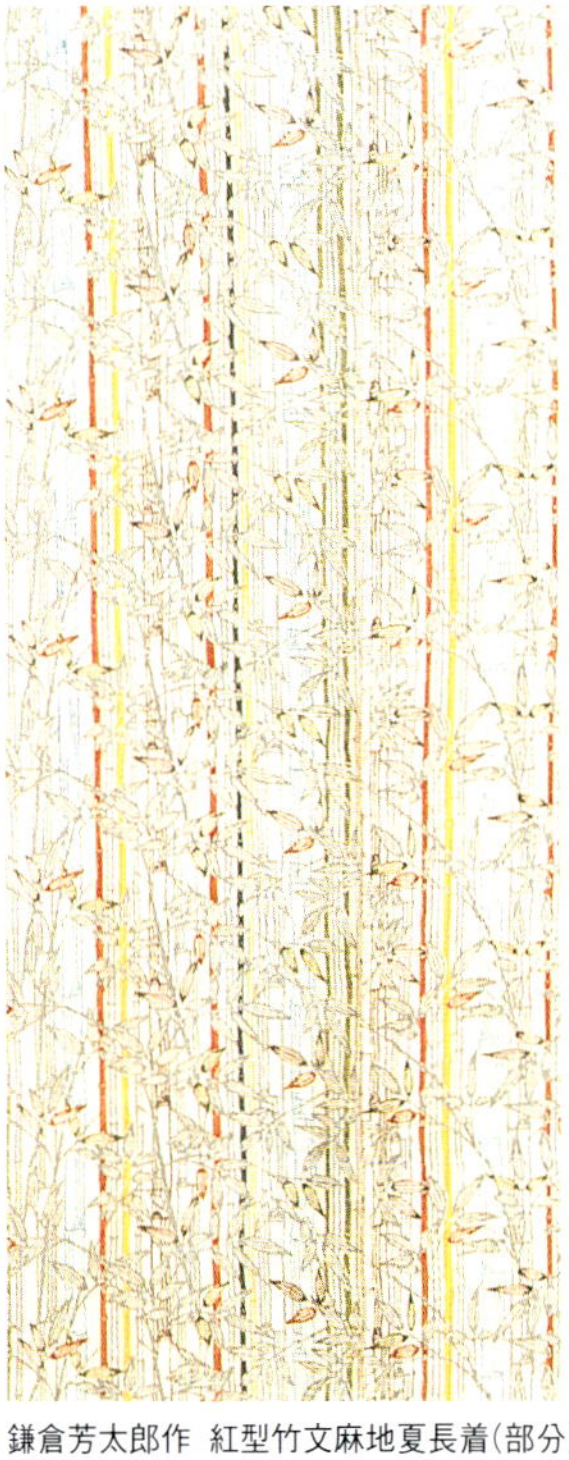

鎌倉芳太郎作　紅型竹文麻地夏長着（部分）

小山保家作　木版染訪問着「山」

鈴田照次作　型染着物「松」

鑑賞のポイント

●**長板中形浴衣　変縞**＝文字通り多様な変化をみせ、型染ならではの造形表現といえます。大胆な縞割りに秀抜な型付の技と藍の浸染が、近代的な「粋」の趣向を示してます。

●**江戸小紋着物　十絣**＝絣の文様の十字を微細な小紋柄に取り入れています。その緻密さには、生地の中に吸い込まれていきそうな魅力が秘められています。

●**紅型竹文麻地夏長着**＝古典的な素材を現代的な感覚で再構成したところが見所です。長年にわたる紅型研究によって裏打ちされた懐の深い意匠です。

●**苧麻でいごに蝶文紅型帷子**＝梯姑《でいご》は沖縄に植栽された南方系のマメ科の大高木です。紅型による細密な文様表現が異彩を放っています。

●**型染着物「松」**＝伝承された型染・摺箔の技法を基礎に染め上げられた作品です。両技法の調和が見事で、大胆で流麗な意匠には伝統に拘泥しない斬新な感覚が示されています。

●**木版染訪問着「山」**＝木版による文様単位によって遠山の景を表現しています。素朴な造形の組み合わせでありながら、写実風の趣のある瀟洒な意匠に仕上がっています。

玉那覇有公作　苧麻でいごに蝶文紅型帷子
（部分）

絞り

圧力によって防染する技法のうち、生地を糸で縛ったり、縫い締めたりして染色を行うものを絞り染といいます。数ある染色技法のなかでももっとも原始的で、世界各地で古くから行われていましたが、それだけに高度に発達した絞り染を擁する地域も少なくありません。日本では正倉院裂に纈文をあらわした纐《こう》纈《けち》の遺品が知られます。これは平安時代には**括染**《くくりぞめ》、**目結**《めゆ》**い**、**目染**《めぞめ》などと称されて盛行しました。中世以降は小袖装飾における**辻が花染**に象徴されるように、絞り染による文様表現が大きく展開し、至高の意匠が開花しました。

今日もなお、わが国の絞り染の技術は、絣とともに世界の最高位にあるといわれ、その種類も多岐に亘ります。**匹田**《ひった》（**鹿子**）**紋**・**三浦紋**などの括りによるもの、**平縫紋**・**折縫紋**・**杢目紋**などの縫締めによるもの、**皮巻紋**や**帽子紋**のように竹皮やビニールなどの防水性のあるもので比較的大きな部分を防染するものなどに大別され、そのほか桶のなかに生地を入れて密封し、外に出た部分を染色する**桶紋**、太い丸棒に生地を巻き付けて縛る**嵐紋**（**棒染**）などがあります。また広義には、生地の両面から板をあてて強く縛って防染する**板締**も絞り染に属します。

絞り染の特徴は、滲みを含めた微妙な色調の変化にあるといってよいでしょう。**紋染訪問着**「**暖流**」は、色彩の濃淡に滲みの美しさを掛け合わせ、絞り染に固有の表現をきもの全面に展開した近代を代表する名品です。具象的な魚のモチーフを違和感なく意匠に取り込む造形感覚にも瞠目させられます。

鹿子紋

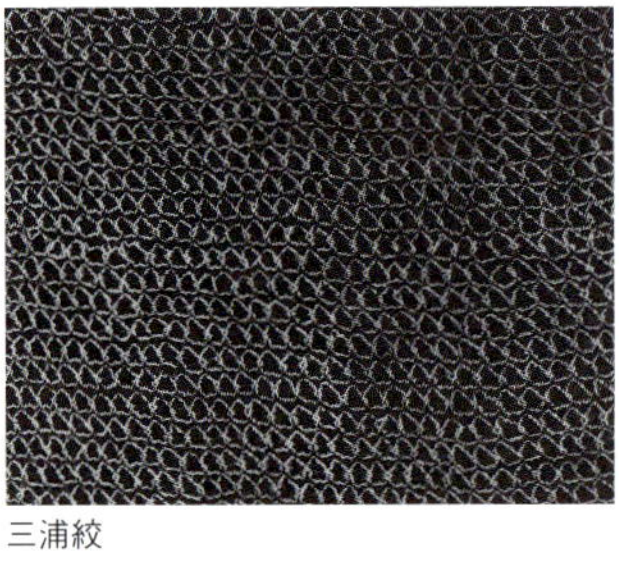

三浦紋

小倉建亮作　紋染訪問着「暖流」

刺繡

刺繡の「刺」は針で縫うこと、「繡」は布帛に種々の色糸をかがって図様をあらわすことを意味します。針と糸さえあれば事足りる刺繡は、衣服の歴史とともに始まったといわれています。おそらく、はじめは獣皮を魚骨針で縫い合わせるといったものであったのでしょう。しかし、この「刺」の技術に、糸を染色する技術が加わって、刺繡は装飾の技術として大きく展開することとなったのです。

日本の刺繡の発展に大きな影響を与えたのは、六世紀に中国から仏教とともに伝播した繡仏でした。中宮寺に伝わる「天寿国繡帳曼荼羅」や勧修寺《かじゅうじ》の「刺繡釈迦説法図」は、飛鳥から奈良時代にかけて盛行した代表的作例です。当代には、鎖繡を主体に**相良繡**《さがらぬい》が盛行し、**平繡・繻子繡・暈繝繡・纏繡**《まつりぬい》**・刺繡**などの基本的な手法もすでに登場しています。平安時代になると、繡仏は仏画にとってかわられ、刺繡の目的は宗教的表現から装飾的表現へと移行していきました。そして室町時代以降、小袖の隆盛とともに刺繡は爛熟期を迎え、**渡し繡・割繡・駒繡**などさまざまな技法が工夫されていきました。

装飾の内容も、刺繡のみによる**素繡**、摺箔を併用した**縫箔**、絞り染や友禅染などに補助的に施される**あしらい**まで様々です。

刺繡訪問着「生々去来」には、平面性を意識させない高密度の繡技と現代的な装飾感覚が見事に結実しています。

福田喜重作　刺繡訪問着「生々去来」

平縫

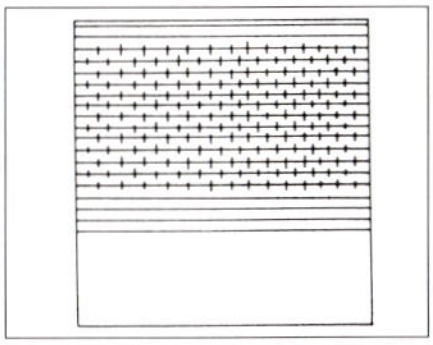
菅縫

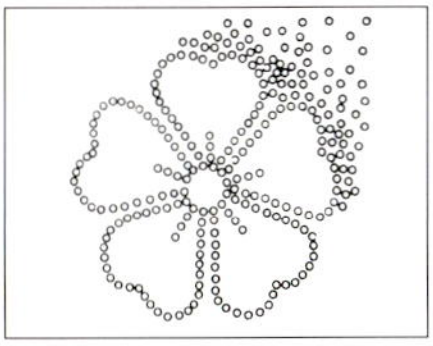
相良縫

伊勢型紙

染の型紙といえば伊勢。伊勢型紙は、三重県鈴鹿市の白子町と寺家《じげ》町を中心として製作されます。もともとこの地では型地紙の製作が行われていました。それが元和五年（一六一九）、徳川頼宣が入部して紀州藩の傘下に置かれるようになって以降、藩の手厚い保護を受け飛躍的な発展を遂げました。当代にあっては、武家の裃の柄に小紋が多用され、微細な柄や精巧な技術を競う風潮が芽生えていました。優れた型地紙が、藩の特産品として注目されたのはそのためです。

型紙の地紙は、生漉《きず》きの美濃紙に柿渋を塗り、繊維が縦横交互になるように三～四枚を張り合わせ、さらに柿渋を塗り乾燥させて作られます。柿渋は長くねかせたものほど粒子が細かく、粘着力が増すため小紋型には三年以上ねかせた古渋が使われます。型彫には、**錐彫《きりぼり》・突彫・引彫・道具彫**といった技法が用いられます。小紋の細かなものですと三センチ四方に八百から千二百の単位文が彫られ、その型彫の精巧さには息を呑む思いがします。縞柄のように文様が離れているものには、型付に際して柄が歪まないように糸入れが施され、これを「**糸入型**」と呼びます。糸入れをしない柄の場合、文様に繋ぎが残されており、それが型染独特の意匠の要素となっている点も見逃せません。

伊勢型彫り

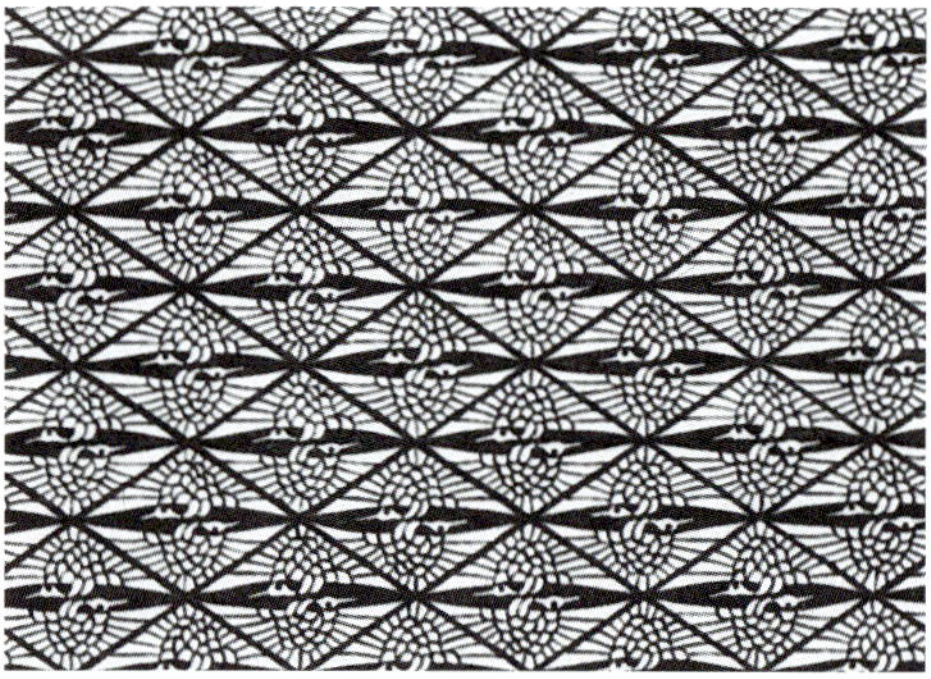

突彫　菱格子に向い鶴

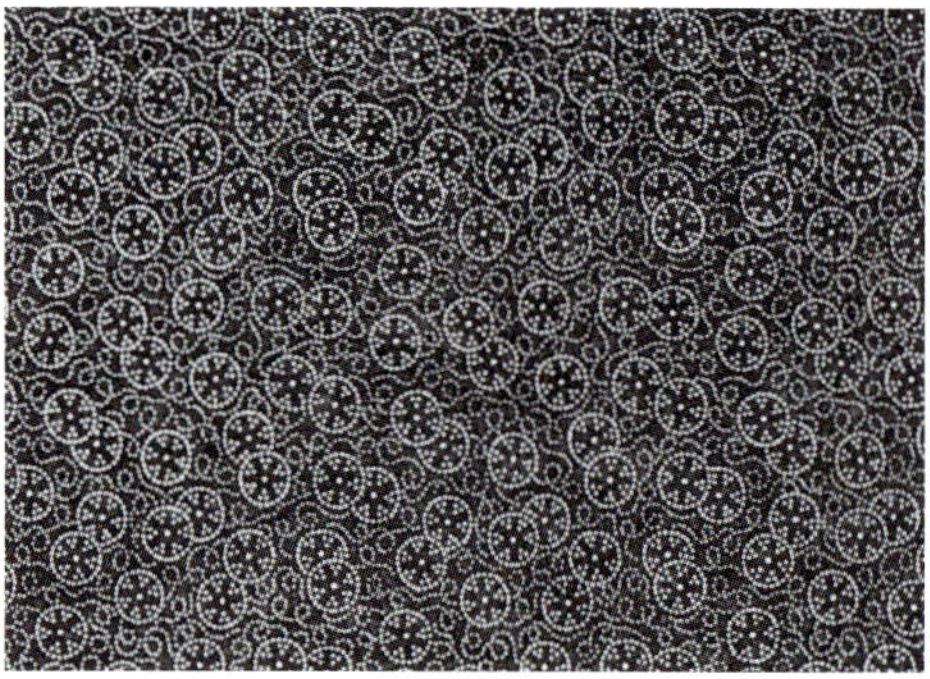

錐彫　鼓文様

染の道具

伸子《しんし》と張手 ＝ 染色を行うには、生地をできるだけ平らに固定しなくてはなりません。伸子は、竹製の細串の末端に針を付けたり、尖らせたりしたもので、布の両縁に刺し留めて弓形に張り、布が縮まないようにし、張手は生地の両端を挟み柱などに固定して縦方向に引っ張る道具です。地染や洗い張りなどに際して使用します。友禅染では、二本の伸子を十字に組んで生地を張り、交点を片手で押さえて糊置きなどの作業を行います。

糊筒 ＝ 渋紙を円錐形に固めたもので、友禅染の糸目糊や伏糊を施すのに用います。先端を切り落とし、中に座金を入れて、外側から口金を被せて、糊をしぼり出すようにして使用します。口金にはいろいろな大きさがあり、それによって糸目の太さが決まります。糊伏など糊場の大きいところでは、口広の平金を用います。平金は、口金を付けず座金のように筒の内側から固定して使用します。糊を広げるためのつぶし箆とよばれる道具もあります。

小筆 ＝ 青花で下絵を描いたり、墨絵を施したするのに用います。

刷毛 ＝ 友禅染を中心に、文様の彩色に用いられます。平刷毛、片端刷毛などがあり、彩色する面の広さによって使い分けられます。色を挿したり、あるいは地染をしたりするときの基本的な道具です。

型紙を切り出す刃物 ＝ 錐彫・突彫・引彫・道具彫など工程や文様などによってさまざまな刃物が使い分けられます。道具彫の刃形は桜や絣といった文様のかたちに合わせてポンチ状に作られています。もちろん一つずつ手作りで、その製作には十年以上の修業がいるといわれます。

箆《へら》 ＝ 型染の防染用糊付けの道具です。**下駄箆・駒箆・竹箆**、出刃包丁のような形の**出刃箆**などが多用されます。木目が刃先に対して斜めに揃っているものがよい箆の基準です。

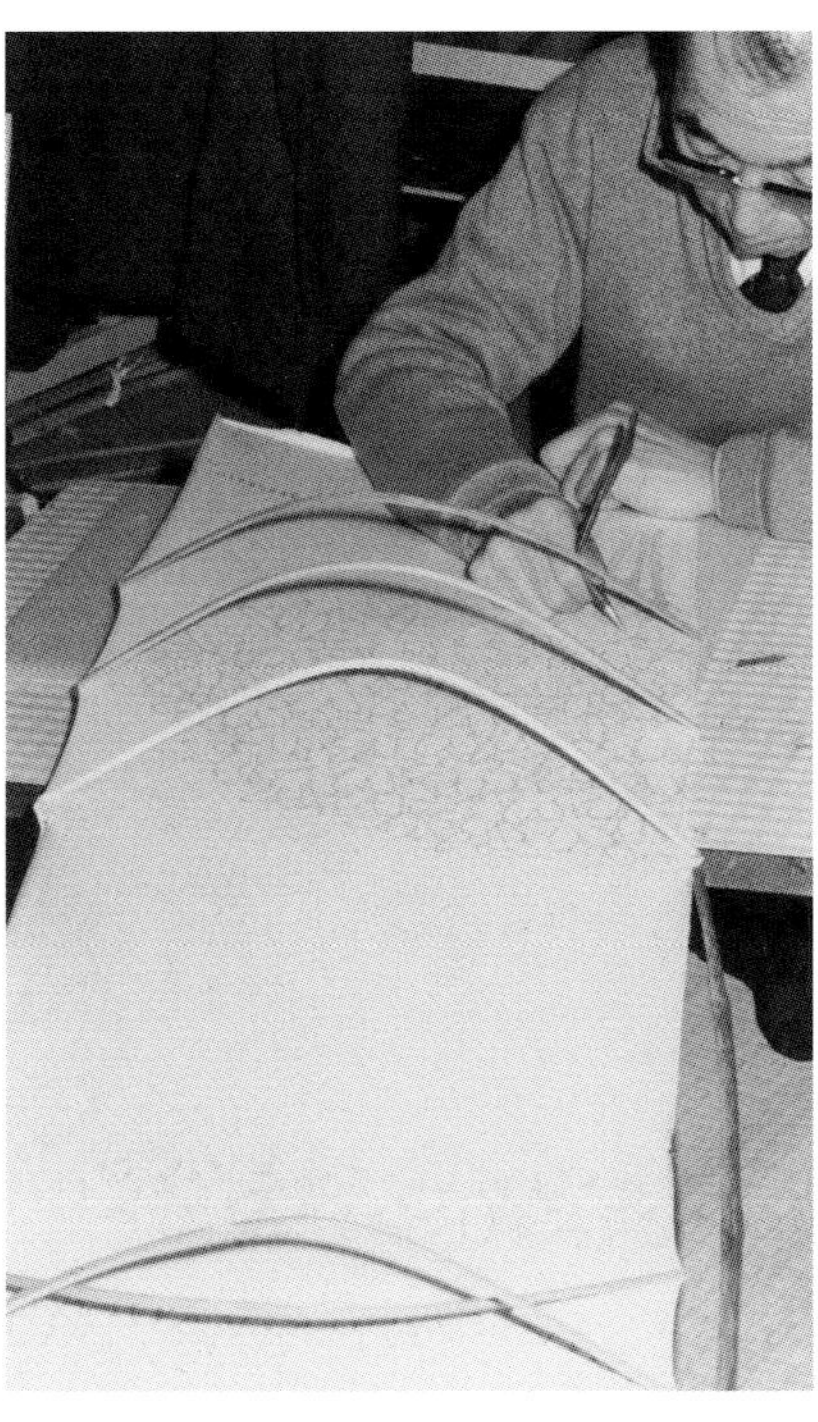

伸子

織の技法

「織」という字には組み合わせ作るという意味があります。文字通り、織は経糸《たていと》と緯糸《ぬきいと》を組み合わせる技術です。最初に必要なのは糸を製すること。木綿や毛糸は、繊維を引き出して糸を紡ぎます。絹の場合は、直接繭から引きだす生糸と、真綿から紡ぎ出す紬糸に別れます。麻や苧麻、藤、楮などの靭皮繊維は、細く引き裂いて採取した繊維を繋ぎ合せて糸を取ります。これが「**績**《う》**む**」という作業です。次に、紡いだり、引き出したり、績んだりした糸を、一本ないし数本引き揃え、適宜撚りをかけて織糸とします。

この織糸を機《はた》に掛け、綜絖で一部の経糸を引き上げるなどして順次その間に緯糸を通すことを繰り返し、線である糸を面に変換し布帛を製していくのです。このとき先染の織物であれば、糸染が完了していなければなりません。緯糸を通すには、経糸の間を通過しやすいように船形に作られた**杼**《ひ》が用いられ、長方形の**框**《かまち》に櫛の歯のように薄い竹の小片が並んだ**筬**《おさ》で経糸の位置を整えながら緯糸を打ち込んでいきます。原理は単純ですが、織物の多様化にともなって機の構造やその操作は複雑になり、織手には熟練と根気が求められます。近世まで織が最先端の技術とみなされていたのも当然のことでありましょう。

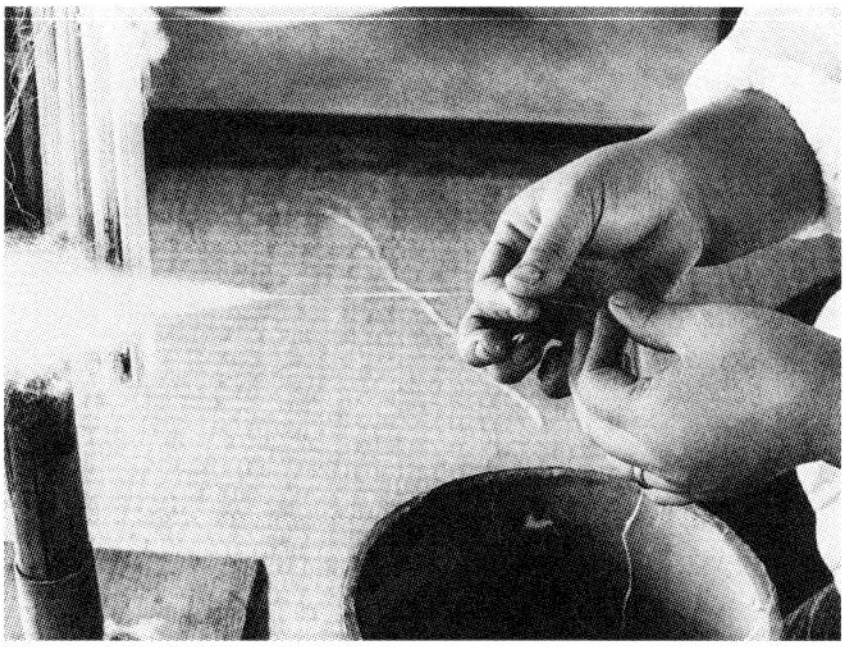
糸くくり

藍甕（あいがめ）

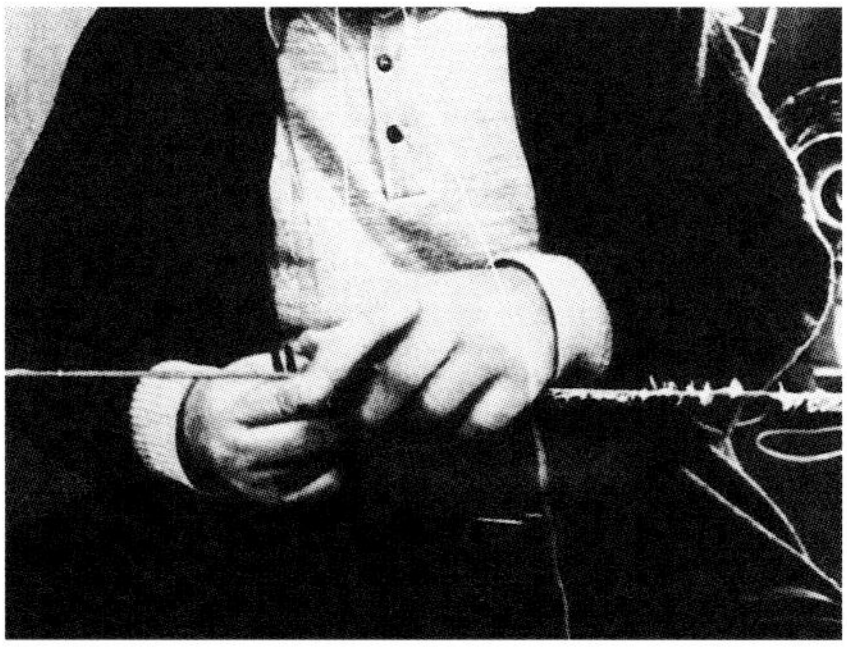
絣しばり＝あらそによる手括り

織の組織

織物はどんなに複雑なものでも、経糸と緯糸の組み合わせによってできあがっています。その組み合わせ方は無数にあるように思われますが、基本となる組織は四つです。

第一は、経糸と緯糸が一本ずつ交互に組織した**平織**。もっとも簡単な組織で今日でも幅広く行われています。羽二重・一越縮緬・綴《つづれ》・紬・博多織などは平織です。

第二は、経緯の交叉点が斜めに並ぶ**綾織**で、**斜文織**ともいいます。平地浮文綾、平地綾文綾、綾地綾文綾、地を経三枚綾にして文様を任意に浮かせた綾地浮文綾、平地に四枚綾で文様をあらわした紗綾《さや》などが綾織です。

第三は、経緯の交叉点が連続せず一定の間隔で配置され、緯糸あるいは経糸が長く浮いた**繻子織**。綸子・緞子《どんす》・繻珍《しゅちん》などが繻子地の織物です。この三つはどれも経糸がまっすぐ通ったもので、織の三原組織とよびます。

第四は**搦《から》み織**で、織機に振機や搦み綜絖などの搦み織装置を付けて経糸を搦ませています。紗・絽・羅などが搦み織に属し、**綟《もじ》り織**ともよばれます。この四つが織の四原組織です。

すべての織物はこれらの組み合わせ、あるいは変形によって成り立っています。

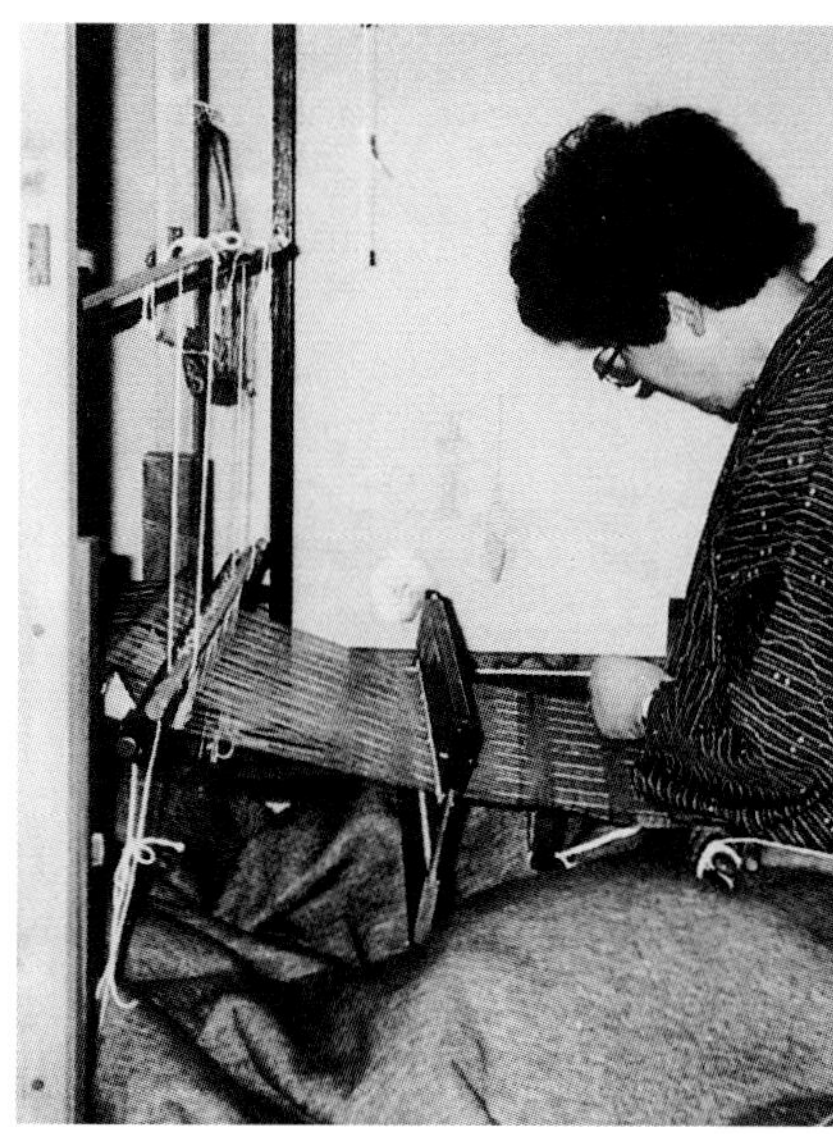
いざり機

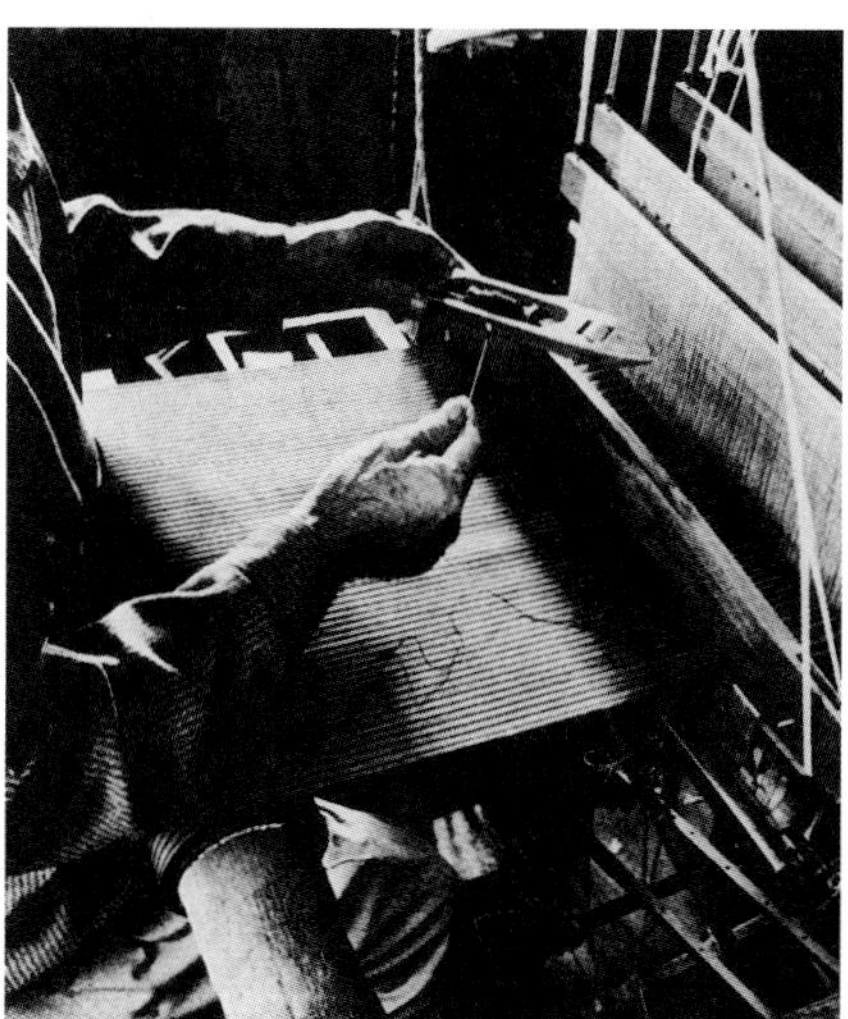
杼《ひ》＝緯糸を通す操作に用いる

細見華岳作　綴帯「友愛」（部分）

北村武資作　羅地金襴丸帯（部分）

紋織（模様織）

織物は、**無地織物**と**紋織物**に大別されます。無地織物は、原則的に一種類の組織でできています。それに対して紋織物は、組織に変化をつけたり、色糸を複数にして文様をあらわしています。その手法は、三つに大別されます。第一は、組織の違いによって地と文様を織り分けたもの。綾・紗綾・綸子・緞子・紋縮緬などがこの仲間です。第二は、組織は同一ながら、経糸や緯糸に種々の色糸を配置するもので、縞や格子、絣の類がここに属します。また、文様のところだけ配色を違えた緯糸を嵌《は》め込むように織り進む綴織も同系統とみなされます。第三は、地を組織する経糸・緯糸のほかに、文様を表出するための色糸を加えたもの。この場合、経糸に絵糸を加えるものを**絵経**《えだて》あるいは**紋経**《もんだて》、緯糸に加えたものは**絵緯**《えぬき》あるいは**紋緯**《もんぬき》と呼び、絵緯糸を文様の部分だけ刺繍をするようにすくい浮織りにしたものを**縫取織**といいます。また、文様をあらわす色糸が重層的に配置され文様部分で布面にあわわれるように織られるものが**錦**《にしき》です。錦は、経錦と緯錦の別があり、前者から後者へと展開していきました。

実際の紋織物は、これらの技法を複合させている場合も少なくありません。さらに、複雑な紋織物を製するには、綜絖を幾つかのグループごとに上下させるのではなく、個々の綜絖を綜絖枠から解放して経糸を自由にあつかうことが必要です。近世までは高機《たかばた》の上に櫓《やぐら》を組んで人が乗り、織手にあわせて経糸を引き上げ文様を織り出す空引機《そらひきばた》が用いられていました。

どんなに複雑な紋織でも、織物である以上、その基本は整斉の美にあります。

甲田栄佑作　精好仙台平「妙曲」（部分）

小川善三郎作　献上博多帯（部分）

古賀フミ作　佐賀錦菱襷文帯「琉璃光」（部分）

普通、一定の文幅と文丈が定まり、その単位を反復・連続して織物となっていくからです。ただし、紋上げ機構のない原始織機では、綜絖を使わずに絵緯を織り込む際に、経糸を箆ですくって製織することもあり、繰り返しのない織物となることもあります。いずれにしても、機械を用いず、手織機で正確に文様を織り進めていくには、熟練の技が求められます。さらに、制約の多い織の工程のなかで、伝統的な意匠に創作を加え、現代的な芸術へと昇華させていくのは容易なことではありません。しかも、紋織は、古来より、織物の世界の中核を占める花形的な存在でした。それだけに、今日の紋織には、古典的な織技を確実に継承し、将来へと発展させていく大きな期待が寄せられているのです。

鑑賞のポイント

●**羅地金襴丸帯**＝精緻な羅地に金箔（平金糸）を織り込んで端正な七宝繋ぎ文を表現しています。近代まで途絶していた羅の技法を、復元を超えて、格調高い意匠の創作に応用している点が見所です。●**綴帯「友愛」**＝重厚な綴織でありながら、明度と配色を考慮して流麗で可憐な意匠を創案しています。経糸が隠れ、緯糸だけで表現された図様の構成が綴の見所です。●**佐賀錦菱襷文帯「琉璃光」**＝佐賀錦は、金銀の平箔や彩色加工した和紙を経糸、多彩な絹糸を緯糸とした織物です。「瑠璃光」は経糸に白紙を用いて色彩を抑制し、文字通り薄く透明感のある繊細な感覚の帯に仕上がっています。●**献上博多帯**＝「献上博多」は、黒田藩が帯地を将軍家に献上したことに由来します。博多帯の特徴である細い経糸による独鈷《とっこ》華皿《はなさら》とよばれる文様の表現に創意が加えられ、格調高い地合をかたちづくっています。●**精好仙台平「妙曲」**＝経糸に練糸、緯糸に濡らした生糸を打ち込んだ緻密な精好の袴地が仙台平です。手技による正確な緯の打ち込みにより、独特の光沢が一層際立ったものとなります。

縞・絣・格子

経糸や緯糸に様々な色糸を配して織り上げると、経と緯が直交するという織物の基本的な性質から直線で構成された縞柄が成立します。経方向ならば縦縞、緯方向ならば横縞、縞が交差していれば格子となります。桃山期まで縞は筋と呼ばれていましたが、近世初期に南蛮船が多様な縞織物を舶載したことから、国産に対する「島渡りの布」の意で島物と称され、後に「島」が「筋」を指すようになって、江戸後期頃から「縞」の字を当てるようになったといわれています。

舶載された縞織物はほとんどが木綿で、この影響を受けて藍染の縞木綿が伊勢松阪、河内、上総、阿波など各地で織り出されました。また、絹縞も江戸時代に始まり、八丈縞・結城縞・上田縞など紬の系統や、江戸中期に西陣より技法が伝播し伊達藩の庇護のもとで発達した仙台平などの袴地に盛行しました。武家の式服である裃《かみしも》の下に着装する熨斗目《のしめ》小袖にも、腰明けといって、腰の部分に格子や段、絣の文様を織り出すものが普及していきました。

一方、絣は、糸のところどころを防染して白く残した絣糸を用いて文様を織り出した織物。日本では平織をベースとするのが一般的です。絣糸の経・緯の組み合わせ方によって簡潔な縞の文様から絵画的な文様まで自在に表現できます。一般に色地に白い文様が

宮平初子作　首里花織手巾着物（部分）

宗廣力三作　紬織着物　朱赤丸文格子

飛ぶので、飛白とも書きます。

絣織は経絣、緯絣、経緯絣に区別し、絵画的なものは絵絣と称されます。絣糸を染めるには、麻糸や木綿糸で堅く括って防染する手括《てくくり》が基本ですが、高度に発達した意匠に対応するため、織締・板締・摺込・捺染など多様な技法が用いられています。

鑑賞のポイント

●**紬織着物　朱赤丸文格子**＝経と緯という二つの要素で構成される絣の究極的な意匠といっても言い過ぎではないでしょう。簡潔な縞や格子に絣を組み合わせ、濃淡や暈しを美しく演出した織の見事さには、光の芸術を見る思いがします。

●**首里花織手巾着物**＝沖縄では花織を「はなうい」とよびます。花柄を織り出しますが、その花は具象的なものではなく、温暖な地の色鮮やかな植物を象徴的に表現したものです。視覚を通じて風土が感じられるような優品です。

●**読谷山花織着尺**＝読谷山花織は、沖縄本島の読谷村で織られる紋織物で、紺の地色に抽象的な花柄を色糸で浮かして織り出し、絣柄を配したものです。たいへん手の込んだ織物で、明治末期にその技法が途絶し、昭和三九年にようやく復元が完成しました。

●**紬織着物「鈴虫」**＝素朴な紬を現代の芸術にまで昇華した作品です。経・緯の組み合わせによる簡潔な造形表現なのですが、完成した着物には幽遠な表情が醸し出されています。

志村ふくみ作　紬織着物「鈴虫」

与那嶺 貞作　読谷山花織着尺（部分）

各地の織物

わが国では、多彩な気候や地味、時代背景を反映して、各地に特色ある織物が育まれてきました。たとえば関東北西部の地域は、奈良時代から養蚕が盛んで絹織物の産地でした。養蚕では、かならず出殻繭や汚繭、玉繭などの不良の繭が生じます。これを真綿にして保存し、農閑期に糸を紡ぎだして織り上げたものが**紬**です。地質堅牢で、武士や富裕な百姓町人の衣料として盛行したこの地域の紬は、生産・流通の拠点であった結城の名を冠して**結城紬**《ゆうきつむぎ》として知られるようになりました。

また、温暖な築後地方では、近世初頭から棉（わたの木）の栽培が行われ、綿織物の生産が盛んでした。とくに久留米では、江戸後期に絣柄が工夫され、幕末には絵絣に独自の図柄が創意されて、**久留米絣**は確固たる地歩を占めるようになりました。

沖縄や奄美諸島では、芭蕉の繊維で**芭蕉布**が織られ、士族から庶民に至るまで広く利用されてきました。同じく沖縄の宮古島や八重山諸島では、江戸時代に薩摩藩への貢納品として最高級の上布が織られていました。古くは、**宮古上布**が紺地絣、**八重山上布**が白地絣や赤縞を特徴としていました。ともに堅牢で輝くような光沢があり、雪晒しを特徴とする**越後上布**とともに高級な夏着尺の双璧とされています。

芭蕉布（部分）

結城紬（部分）

宮古上布（部分）

久留米絣（部分）

深見重助作　縹地唐組平緒

組紐

数十本の糸を一束とし、その幾束かを規則的に斜めに交叉させながら組状に組んでいく技法が組紐です。織紐や編紐と異なり、篦《へら》で打ち込みながら交叉をきつく締めていくので、打紐ともよばれます。単位となる一束を一手または一玉といい、この数で**三つ組・四つ組・八つ組**と区別されます。また、形状から**平打・丸打・角打**などに大別され、技術や文様から**安田打・杢打・高麗打・新羅組・唐組・駿河打・江戸打・網代・亀甲・綾竹・笹波・鴨川**など二〇〇種以上にも及びます。

組紐の歴史は古く、織物以前に遡ります。中国をはじめエジプト、インド、ペルーなどにも古例が伝わっています。日本では古くから組紐が服飾の構成に欠かせない要素として用いられ、すでに古墳時代にはめざましく発展していたと推測されます。飛鳥・奈良時代には、法隆寺や正倉院に伝わる帯や幡《ばん》の縁飾りなどに使用例が認められます。平安時代以降、使用の場はさらに広がり、経巻や絵巻の紐、甲冑・仏具・調度品の付属物、平緒《ひらお》、装束の括り紐・飾り紐・菊綴・胸紐などに用いられていました。幕末頃からは帯締にも使われるようになり、今日では羽織紐や道具類の装飾などにも使われています。

組紐による意匠の表現には、他の装飾とは一線を画する独特の風格があります。それだけに小品ながら、服飾や調度の構成要素として人々の注目を集め、装飾上重要な役割を果たしてきたのです。

深見重助作　唐組紫絲続平緒

【染織の用語】

青花《あおばな》＝露草の一種から採取した青色の着色料。水洗で容易に消えるため、友禅や絞り染の下絵に用いられます。

板締《いたじめ》＝文様を彫り込んだ板を一〇数枚から二〇数枚用い、これに生地や糸を挟んで防染し、染料を注いで白く文様を染め抜く技法。奈良時代の夾纈《きょうけち》に相当。

浮織《うきおり》＝織糸を部分的に地組織から浮かせて文様を織り出す技法。

絵緯《えぬき》＝紋織物で、地を形成する経糸・緯糸とは別に文様を表すために用いる緯糸。

筬《おさ》＝織機の付属具の一つで、経糸の位置を整え、緯糸を打ち込むのに用いる。長方形の框《かまち》に竹の薄い小片を櫛の歯のように列ねたもの。今日では金属製のものが主流。

描絵《かきえ》＝防染をせずに顔料や染料を用いて直接筆で生地に文様を描く技法。

草木染《くさきぞめ》＝天然の植物・動物・鉱物などから採取した染料を用いた染色のこと。

豆汁《ごじる》＝大豆を乳状液化したもの。染料の染着や顔料の固着を促進し、滲みを防止するためにも用います。

地入れ《じいれ》＝染色をする前に、生地に豆汁・布海苔・水などを刷毛で引き、染料を均一に染め、滲みを防止するための工程。

浸染《しんぜん》＝糸や生地を染料に浸して染める技法。

綜絖《そうこう》＝織機の重要な部分で、緯糸を通すために、経糸を上下に開き分ける働きをします。

中形《ちゅうがた》＝小紋より大きい柄の型染で、今日では浴衣の別称。両面から防染糊を置き、浸染する。

杼《ひ》＝織機の付属具の一つで、緯糸を通す操作に用いて、木製または金属製の舟形で、中央が刳り抜かれ緯糸を巻いた管が入っています。

引染《ひきぞめ》＝生地を広げて張り、刷毛で染汁を引いて染める技法。

真綿《まわた》＝玉繭・出殻繭・汚繭などの屑繭を引き伸ばして作った絹綿。

名物裂《めいぶつぎれ》＝中世から近世初期にかけて舶載された染織品で、大名家や社寺などに伝来したり、掛巾の表具や名物茶器の仕覆などに用いられ珍重されてきた裂類。

漆芸

松田権六作　赤とんぼ螺鈿蒔絵飾箱（部分）
蒔絵、螺鈿、平文などの技法を効果的に用いた芸術性の高い名品

漆芸は、日本や中国、朝鮮半島及び東南アジアで発達した東洋独特の工芸で、それぞれ特色ある漆芸の歴史があります。特に日本の漆芸は技法的に多様で高度な展開を示し今日に伝わっています。欧米人にとって日本の漆芸がいかに印象的であったかは、陶器のことをチャイナ、漆器のことをジャパンとよぶことからもわかります。

日本の漆芸が東洋の中でも特に発展したのは、硬質の漆を産出し、細かい加工に適し、漆器の主たる素地である木材が豊富にある気候風土に恵まれたことによります。中でも日本人特有の繊細な造形感覚によって漆芸が育まれてきたことは見逃すことができない点です。

漆芸の歴史は古く、縄文晩期にはすでに我が国独自の漆文化が発達していたことが数々の出土品によって知られています。仏教文化とともに大陸の漆芸品が伝来し、日本の漆芸は著しい展開をとげます。法隆寺の玉虫厨子や正倉院の宝物に見られるような優れた作品が残され、中世以降は我が国独自の技法が発達し、なかでも蒔絵技法が漆芸の主流となり、建造物から仏具、什器、調度品、武具など広い範囲にわたり装飾技法が展開されていきます。

近世に入ると、高台寺蒔絵に代表されるような装飾効果の高い技法が一層発達し、南蛮貿易の隆盛とともに西欧人

磯井如真作　蒟醤草花文八角食籠
線の風合いに伝統的な蒟醤の良さが十分味わうことの出来る作品。

音丸耕堂作　彫漆布袋葵文手箱
色漆の分量、配置のよさも味わえる紅花緑葉と呼ばれる彫漆の現代的感覚の作品。

に日本の漆芸品はジャパンと呼ばれて珍重され、多様な展開を見せるようになります。江戸時代にはさらに技法の展開が見られ、特に刀の鞘塗りで多様な変り塗りが発達しました。

蒔絵を中心とする作品は京都、加賀、江戸を中心に制作されましたが、地方においてもそれぞれ特色ある展開を示し、特に装飾を施さない根来塗りや春慶塗りなどが地方独自の技法として継承されていきました。

漆の塗料としての性質を活かし、漆芸は今日の生活文化の中においても茶道具や日常の生活用品である椀、盆、重箱などに、伝統技法が受け継がれています。伝統的技法に基づく漆工芸の世界では、産業としての漆芸品と個人作家の創作工芸作品が共存しています。そして、日本伝統工芸展においては、これらの技法をより発展させた作品が各地の作家たちによって出品されています。

工芸品としての用を保ちながら作家の個性と創造性が優れた技術で表現される漆工芸品の鑑賞にあたっては、漆芸の技法の実際を理解することにより、作家の制作意図や実際の巧みな表現がより理解できることになるでしょう。そのためには、器物自体の材質や作り方、漆の塗り方、様々な装飾技法の要点について基本的な知識を得ることで鑑賞が深まると思います。

松田権六作　槙に四十雀模様二段卓
蒔絵の多くの技法が一つのデザインに組み込まれた風格のある作品。

赤地友哉作　曲輪造彩漆盛器
棬胎としてのあり方のすばらしさにデザインの新しさが加味された作品。

漆液の採取と精製

漆芸とは、漆の木から採取した漆の樹液を使って、器物を造ったり、塗ったり、様々な加飾を行う工芸です。漆の木は、東南アジア・中国・朝鮮そして日本に生育する落葉喬木で、その葉に触れるとカブレることがあります。六月頃に黄緑色の小花が咲き、十月頃には黄褐色の種子を付けます。種子からは和ろうそく用の木蝋を、幹からは漆芸の塗料の原料となるの樹液が採取でき、上代から大事にしてきた木です。

漆液は光合成によってつくられ、樹皮と木部の間の維管束《いかんそく》にある漆液溝を流れていますので、この漆液溝を鎌で切って傷を付け、にじみでる液を採取します。漆液の採取を**掻《か》きとり**といいます。

掻きとった漆は**荒味漆《あらみうるし》**といい、乳白色の不透明な液になり、外気にあたると茶褐色に変色します。

不純物を綿に含ませ濾過した漆を**生漆《きうるし》**といい、これを天日或は人工的な加熱を行い、攪拌《かくはん》しながら精製します。これを**くろめ・なやし**といいます。精製した漆は、樹液の水分が取り除かれ、漆工芸の塗料として使われます。

漆の幹に鎌で傷を付け、滲み出る樹液をヘラで桶に採取します。生漆の精製には、「なやし」という攪拌、「くろめ」という水分を除去することが重要です。

漆の効用と漆芸の用具

塗料としての漆は、乾燥して皮膜を作ると、耐水・耐熱・耐酸・耐アルカリの性質があり、器胎を保護しますし、粘着性が高いので接着剤の効用もあります。他の塗料に比べると、乾燥までの時間が長いので、その間にいろいろな技法を用いることができます。延展性があり、粘度も高いので、蒔絵にとって最適の長い線を描くこともできます。さらに塗面、塗肌が美しいことが特徴です。

漆芸は器胎に漆を塗ることが基本で、さらに蒔絵や螺鈿等の精密な装飾技法が加わり工芸品として完成します。漆をヘラや刷毛で塗ることを総称して**髹漆**《きゅうしつ》といいます。この漆塗りには、布着せ、下地付、水研ぎから中塗りそして上塗りまで、それぞれの工程が何回か繰り返され、漆独特の美しい塗面が仕上げられます。加飾技法にはそれぞれ特有の材料・用具や工程があります。

漆を扱う道具では、先ずパレットナイフの役目をするヘラと刷毛が必要です。ヘラは漆を練ったり、下地でのコーティングに使います。刷毛は、目的に応じていろいろな巾や厚みがあり、人の頭髪で出来ていて、削り出して使います。その他に研ぎのための砥石や木炭等が必要となります。

刷毛と篦《へら》各種

漆風呂＝漆は適度な温度と湿度が必要で、桧の板づくりの防塵効果のある風呂で乾燥します。

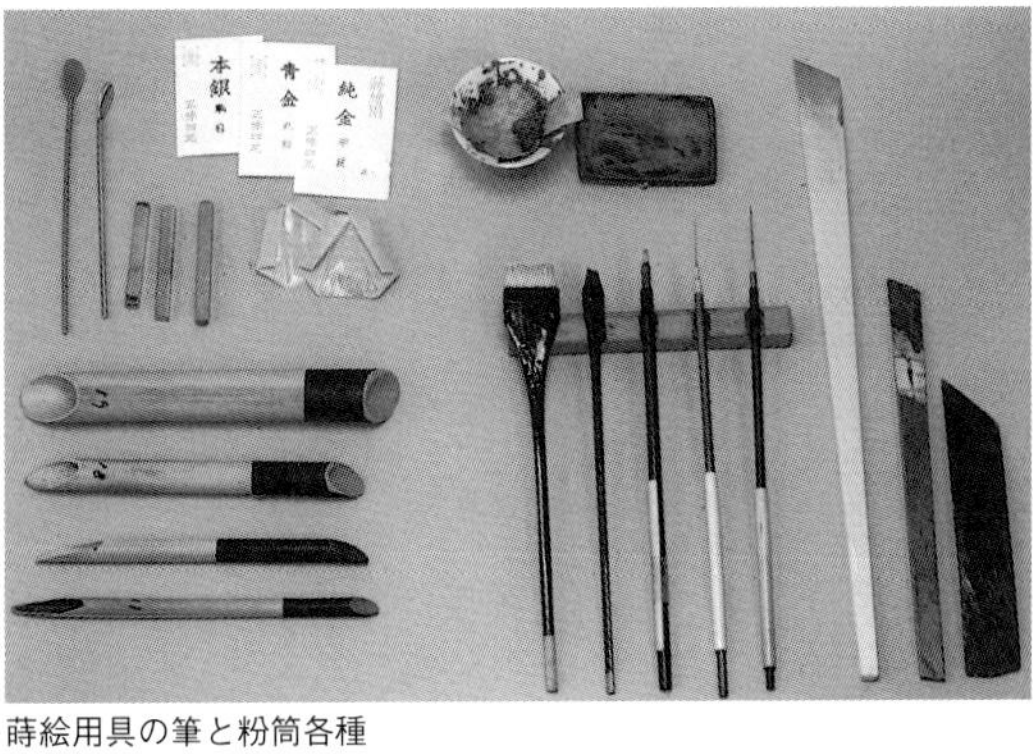

蒔絵用具の筆と粉筒各種

漆塗りの技法

漆の塗り方は、器胎の肌の美しさや色合をそのまま見せる透明な漆膜の仕上げの塗り方と、木肌を覆い下地を施してから、塗り・研ぎを何回もくりかえして、漆特有の漆膜を滑面にする塗りかたがあります。

拭《ふ》き漆は、透明な塗り方と仕上がりが同じですが、塗るのではなく、指物や挽物の木材の素地に生漆《きうるし》を吸い込ませ、木目の美しさを見せるとともに、器胎を漆の皮膜で丈夫にする技法です。素地を研磨材で磨き、漆液を綿布などで素地に摺り込み吸い込ませては拭き取るという作業を何回も繰り返して仕上げます。

溜塗《ためぬ》りは、生漆を精製し水分を減じた琥珀色の漆の**木地呂《きじろ》**を使い、半透明な漆を通して素地が見える塗りかたで、奥床しい感じに仕上がり、棚や箱物などに多く用いられます。

春慶塗りは、油に漆を入れたものから、次第に漆分を多くしたものを塗り重ねてゆく塗りで、素地の板目や刀で加工した模様目を活かし、素地の美しさを一層引立たせる塗りの技法です。

塗り立て

艶の有無、色合いにかかわらず、潤いのある優しさが見所です。器形あるいは漆の素性の吟味により、作者の心情が伝わりやすいものです。

塩多慶四郎作　乾漆稜線文合子

奥出寿泉作　乾漆香盆

一方、素地の見えないように黒や朱の色漆の塗膜で仕上げられる漆芸品は、仕上げの上塗りの前の下地づくりが重要です。素地を補強するために麻布を張り込む**布《ぬの》着《き》せ**と呼ばれる下準備、塗り面を平滑にするために泥状下地漆の荒いものから次第に細かいものを重ねづけし、砥石で水研ぎする**本堅《かた》地《じ》**等の下準備をします。

漆塗りは、漆黒《しっこく》という名があるように黒が美しく黒塗りが主ですが、朱塗りや黒味がかった茶色の**潤《うる》み塗り**もあります。一般的に、漆芸品は色漆の塗り膜で器胎そのものの素地は不透明となりわかりませんが、その美しい漆の塗り肌に、蒔絵・平文・螺鈿等の装飾技法が加味されて、より高度な作品が作られます。

漆芸品には、漆を塗ったままで仕上げる**塗り立て**と、表面を研いて仕上げる**呂色《ろいろ》仕上げ**があります。呂色仕上げは、塗面を炭で研ぎ、細かい粒子で磨き上げ光沢を出します。塗り立てと違った端正な感じに仕上がります。

炭研ぎ

本堅地

布着せ

呂色仕上げ

磨き上げた漆膜の、端正で清らかな、けがれのない光沢の美しさが特色です。**平文輪彩箱**の漆黒の地は限りない大宇宙を彷彿させ、漆黒の素晴らしさを感じさせてくれる名品です。

大場松魚作　平文輪彩箱

漆器の素地

漆塗りをするためには、素材を加工しそれに漆を塗って仕上げます。一般的な素地としては、漆がよくつく木材・竹・紙・布があり、ほかに皮革・金属・陶磁等も素地として使われます。手近な材料で資源的にも恵まれている木材は、古くから漆器の素材として一番多く使われており、**木胎**《もくたい》と呼ばれます。漆芸品の殆どの素材が木材ですので、素地の名称として、この言葉は作品名等には一般的に付して使わず、ただ「蒔絵色紙箱」のように表示します。他の素材を使用した場合、紙なら**紙胎**《したい》、竹なら**籃胎**《らんたい》、金属なら**金胎**《きんたい》、陶磁なら**陶胎**《とうたい》というように表示して、その作品の素地が判るようにします。

木胎《もくたい》＝木材を素地とする加工には、板物(指物)、刳物、挽物、曲げ物等があり、加工法に応じて様々な器形が作られます。(注:これらの加工については、木竹工の頁に説明がありますので参照して下さい)

棬胎《けんたい》＝細長いテープ状の木や竹を少しずつずらして貼り重ねて器型を作ります。正倉院の漆胡瓶の素地作りがこの技法です。また、一巻きずつ塗上げて組上げる技法を「**曲輪**《まげわ》」と呼びます。

各種の素地

松田権六作　華文網代盆(籃胎)

赤地友哉作　曲輪造彩漆鉢(曲輪)

増村益城作　乾漆花蓋物(乾漆)

寺井直次作　金胎蒔絵水指　春(金胎)

紙胎《したい》＝型に重ねて紙を漆貼りし、必要な厚さまで貼り重ねて型からはずす**張抜法**と、柿渋の入ったわらび糊で貼り重ねる**一閑張**《いっかんば》**り**があります。特に一閑張りは独特の風合いで茶人に好まれ、茶器・香合・印籠等が作られます。

籃胎《らんたい》＝竹を編み成形して素地としますが、竹の表皮は漆が滲み込まないので剥《は》ぎとり使用します。編組の目を見せる塗り方と下地で塗り込めて竹の編目を見せぬ方法があります。

乾漆《かんしつ》＝麻布を型に貼り重ねて成形し、必要な厚さ、丈夫さにまで貼り重ね、型からはずし、胎とします。奈良時代に唐からの伝来技法として仏像製作に使われていました。中国では**夾紵**《きょうちょ》、古代では**塞**《そく》とも呼ばれていました。現在は、自由な形ができるので造形的に変化に富んだ作品作りに使われる技法です。

漆皮《しっぴ》＝器物に応じた厚さの皮革を型に張り付け、乾燥後に型からはずし漆を塗って仕上げます。皮は漆との接着が良く、継ぎ目がないので破損せず皮特有の雅味がでます。奈良時代に数多くの遺品が残されています。

金胎《きんたい》＝金属の素地に漆を塗った漆器を総称して金胎といいます。金属の素地は丈夫でしかも成形が自由な利点があり、漆を塗ってからは多様な装飾が可能です。

乾漆の作り方

①

②

③

④上塗り

増村益城作　乾漆朱輪花盤（完成作）

①粘土原型の製作　②麻布の上に和紙貼り　③高台の形付け　④朱漆による上塗りという工程を経て製作される

装飾技法

漆の塗り肌はそれだけで深く、柔らかな美しさがありますが、さらに漆の延展性や乾燥時間が調節できる扱いやすい特質を生かして、日本の漆芸にはいろいろな加飾技法が生み出されています。漆は粘度があり、細い自由な線を描くことができ、顔料と混合すると漆の絵の具が出来ます。筆を使ってこの漆の絵具で絵を描くのが**漆絵**《うるしえ》で、文様を色漆や黒漆、透明な漆などで描きます。陶器の絵付けや染付などのように、色合いや運筆の妙味が漆絵の特長となります。

　また、漆の接着性を利用して、金や銀の箔を貼って文様を表わすのが**箔絵**《はくえ》です。

　漆で描いた絵が乾かないうちに金や銀などの粉を蒔きつけて装飾する技法が**蒔絵**《まきえ》です。蒔絵は、蒔く粉の種類の違いや、技法の変化によっていろいろな名称で呼ばれています。さらに、漆の接着性を利用して、金属板や貝を文様にあわせて貼る技法が**平文**《ひょうもん》や**螺鈿**《らでん》です。塗り肌を刀で彫り、金箔を入れる**沈金**《ちんきん》、色漆を入れる**蒟醤**《きんま》、色漆を塗り重ねて彫る**彫漆**《ちょうしつ》などの技法があります。これらの技法は単独又は複合して使われます。

小森邦衛作　網代縞文重箱

松田権六作　鴛鴦蒔絵棗

中野孝一作　蒔絵やぶてまり箱

変り塗

江戸時代の鞘塗から始まり、現在は加飾技法として流布しています。**鴛鴦蒔絵棗**は、漆そのものの性質を生かし、**網代縞文重箱**は、素地の形状を生かし、**蒔絵やぶてまり箱**は他の材料（卵殻貼り）を組込んだものです。

【蒔絵《まきえ》】

漆の接着性や延展性を利用して、漆で文様を描いた上に、金銀の粉を蒔いて文様を見せる技法で、日本独自の多様な技法が発展しました。蒔きつける粉の大きさ、漆の塗面の盛上げ方、塗面の研ぎ出しをするか等によって分類されますが、代表的な技法を簡単に説明しておきます。

研出蒔絵《とぎだしまきえ》＝塗面に漆で文様を描き、その上に粗い金・銀粉を蒔き付け、その粉が埋まるまで**漆《うるし》**を塗り重ねてから、炭で研ぎ出して文様をあらわします。

平蒔絵《ひらまきえ》＝塗面に漆で文様を描き、細かい金銀の粉を蒔き、漆で固めて磨き仕上る技法で、研ぎ出す手間を省いた技法です。

高蒔絵《たかまきえ》＝文様の部分を漆や下地を使ってレリーフ状に盛上げ、その上に文様を描き金銀粉を蒔き固めて磨いて仕上ます。

鑑賞のポイント

様々な漆芸技法の中でも、とりわけ日本的な情趣に富み、多彩な表現手段をもつ技法です。日本独自の発展を遂げたこの技法が、漆や漆器に「ジャパン」の名をもたらしたといっても過言ではありません。多様な蒔絵技法を的確に用いて、個々の作者がいかに豊かに、芸術性高く、心情や情趣を表現しているかが見所と言えます。

■蒔絵工程

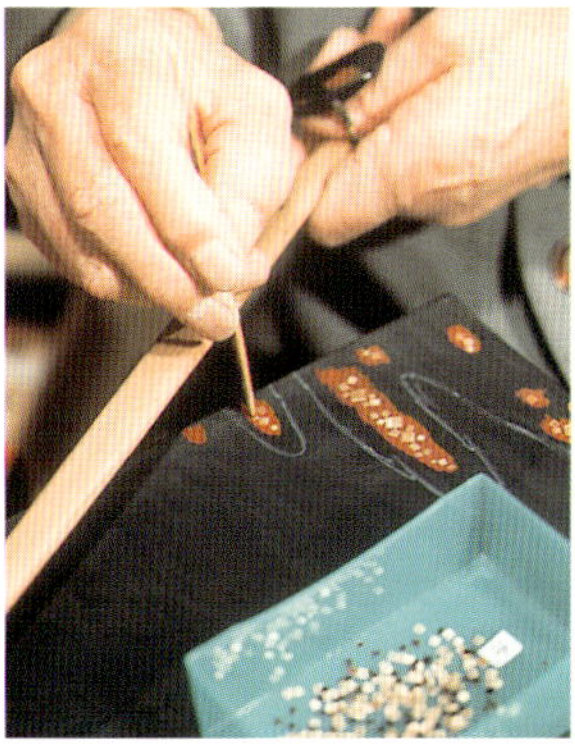
金の板を貼る（平文）

地塗筆で文様を描く

金粉を蒔く

撥鏤（ばちる）の象嵌

松田権六作　鷺蒔絵飾箱

田口善国作　水鏡蒔絵水指

鑑賞のポイント　蒔絵の粉の扱いに注目してみたいものです。●**鷺蒔絵飾箱**＝葉先へのごく限られた粉蒔きという蒔絵ならではの手法がすばらしい効果をあげ、細い葉先のシャープで繊細な姿をみごとに表現しています。●**水鏡蒔絵水指**＝金属粉から研ぎ出す手法で、蜻蛉が水面をよぎる一瞬の情景を光に満ちた劇的な表現とすることに成功しています。

【平文《ひょうもん》】

金銀などの金属の薄板を、文様の形に切って器物の表面に貼り込む技法で、古くは「平脱《へいだつ》」といわれました。

箱に図を付ける

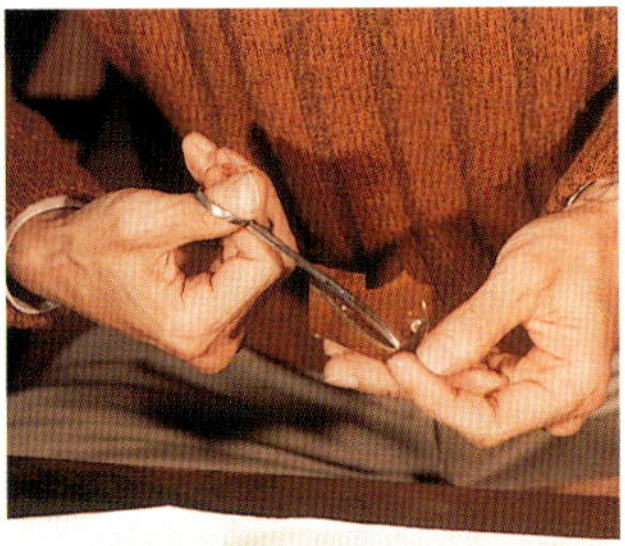

デザイン通り板金を切る

文様に切り取った板金を貼る

鑑賞のポイント

平文は金属の光沢を最も際立たせる、強い印象を与える技法です。他の材料との組み合わせが興味深く、この大胆に区切られた構成の**金銀平文鶴文箱**は、大空と水面とも、光と陰とも見え、金属、貝、漆黒の組み合わせが見事なデザインとなっています。平文の特色を最も美しく発揮させた作品の一つと言えます。

大場松魚作　金銀平文鶴文箱

【沈《ちん》金《きん》】

文字が示しているように、漆の塗面を刀で彫り、凹部だけに漆を充填し金箔を打込み、乾いてから不要な箔を除き、仕上げます。

沈金技法見本

片切刀による細彫り

丸刀による線彫り

三角刀による点彫り

丸刀による点彫り

鑑賞のポイント

刃物で彫った遅速、強弱による特有の味わいが見所でしょう。近年は点彫の柔らかで安定感のある濃淡表現も主流となってきています。

●**沈金芒絵飾箱**＝沈金特有の安定感のある濃淡表現が、漆黒の闇から浮かび上がる群芒に深い静寂をもたらし、秋の情感を満たしています。

前 大峰作　沈金芒絵飾箱

太田 儔作　籃胎蒟醤茶箱「春風」

【蒟醬《きんま》】

沈金と似た技法ですが、漆の塗面を刀で彫り凹部に色漆を充填し、平らに研ぎ磨いて仕上げます。タイからの伝来技法ですが、江戸末期に四国高松の玉楮象谷《たまかじぞうこく》が技法を完成させました。元来は黒地に朱や黄の色漆で線彫りの幾何文様を表わしていましたが、色漆の発展や点彫り・平彫り技法の開発にともない、立体的かつ微妙な色面の表現が可能となっています。

磯井正美作　蒟醤箱「山上藺」

鑑賞のポイント

両作品共に、刃物の様々な彫口がそのデザインを支えているところに注目したいものです。伝承された技法を超えて様々な工夫がなされています。多彩な色漆の効果的な働きも見逃せません。

【彫漆《ちょうしつ》】

色漆を何層にも厚く塗り重ねて層をつくり（百回漆を塗って約三ミリの厚さ）、その層を彫り下げて色漆の異なった層の色彩を活かして文様とする技法です。朱漆のみを塗り重ねて彫刻したものを**堆朱**《ついしゅ》、黒漆のみを塗り重ねて彫刻したものを**堆黒**《ついこく》といいます。

鑑賞のポイント　日本の彫漆は、油の混入を控えているので磨いた光沢も違いますが、立体感のある彫口を伴った色漆の層の色彩の美しさは、現代的な造形と一つになって感動的な作品を生み出しています。

研ぎ

胡蒔き

彫り

音丸耕堂作　彫漆延齢草水指

【螺鈿《らでん》】

巻貝や二枚貝の殻を加工した平板状の貝を、文様の形に切って器物の表面に貼り込む技法です。

鑑賞のポイント

宝石の輝きにも似た貝と漆黒との取り合わせは光の芸術とも呼びたくなる美しさを持っています。市松模様を基盤にしたこの作品は、それぞれの美質をひきたて、伝統の中に現代性を感じさせます。

北村昭斎作　華文玳瑁螺鈿飾箱

【存清《ぞんせい》】

中国からの技法で籃胎や乾漆の器胎の上塗りの面に色漆で文様を描き、輪郭や葉脈などの線を刀で彫って文様を表します。日本では四国の高松に技法が伝わっています。

鑑賞のポイント

近年作例の少ない技法ですが、色漆に食い入るような線彫は、文様の存在感を際立たせ、独得の味わいをもたらします。

磯井正美作　存清石鑿箱

【漆芸の用語】

洗《あら》い出《だ》し＝蒔絵技法の一つで、平目等の粉を塗り込めたままにせず、炭粉等で粉の形状のまま塗面から磨き出す手法。

印籠蓋《いんろうぶた》＝箱の身の上部に立ち上がり（野郎《やろう》）を作り、側面が平らになるような蓋をのせる箱蓋の形式（野郎蓋）。

置目《おきめ》＝蒔絵の文様を描く時、紙に描いた図案の裏側を漆の細い輪郭線でなぞり、その面を器体にのせて文様を転写すること。

被蓋《かぶせぶた》＝身の上から蓋を覆いかぶせる形式で、手箱や硯箱等に応用されています。

木地固《きじがた》め＝漆の浸透性・硬化性を活用して、生漆を木地にヘラや刷毛でしみ込ませ、木胎を平滑にしたり、木胎の強度を高める効果があります。

刻苧《こくそ》付け＝刻苧とは、糊漆と木粉と麻の繊維を交ぜてペースト状にしたもので、素地の凹部や接合部の継ぎ目に溝を彫り、これらの部分にヘラで充填します。木地固めを行う以前に、素地を完全な状態にする大切な工程です。

胴擦《どうず》り＝油で練った砥粉《とのこ》を柔らかい布につけて、炭研ぎした漆面の研ぎあとを磨き除くこと。

研《とぎ》切《き》り＝黒乾漆等の粉を、金・銀地から研ぎ出す研出蒔絵の一手法。

引掻《ひっか》き＝蒔絵手法の一つで、金・銀粉を蒔き着けた時、乾かぬ前に、針、竹、木等で掻き落し文様を表わす手法。

蒔地《まきじ》＝下地の一種で、布着《ぬのきせ》せ後、生漆を刷毛塗りし、地ノ粉を蒔付け下地となす技法。（本堅地より水分が少ないので丈夫といわれている）

呂色磨《ろいろみが》き＝漆芸表面技法で、漆面を炭研ぎ・胴擦り後、充填した摺漆を鹿の角粉等で磨き除き、艶を上げる最後の仕上げ工程。

金工

鹿島一谷作　銀地布目象嵌秋の譜水指（部分）
秋草や昆虫を金、青金、鉛の布目象嵌で加飾。背景の墨絵風の濃淡は研出し象嵌により、紋金を擦り上げて、銀の渋味を見事に表現した優品。

金工は、金属を素材として金属の特性である熔解性（熱すると液状になる）や展延性（薄く表面積が広がり、細く長くのびる）を利用して、それに様々な技法を施す工芸技術です。

金属の加工法は、世界的に共通する技法ですが、文化、歴史、地域によって特色を示しています。日本では、金、銀、銅、錫、鉄を「五金」と呼び、金工の素材として利用してきましたし、二種以上の金属を溶かしあわせた合金を多用して、美術工芸のなかで多岐多様な技法を発展させてきました。

基本的には、**鋳金**《ちゅうきん》、**鍛金**《たんきん》、**彫金**《ちょうきん》が主要技法ですが、その他に**錺**《かざり》、**鍍金**《ときん》等の伝統技法も継承されています。

弥生時代の銅剣、銅鐸、銅鏡、古墳時代の副葬品の装身具、奈良時代の仏像・仏具、鎌倉時代の刀剣・甲冑、室町時代の茶の湯釜、江戸時代には庶民のための生活用具や梵鐘、燈籠等が、それぞれの時代に制作され、それにともない金工の技法は伝承されつつ、時代とともに多様な展開をしてきました。

魚住為楽作　砂張銅鑼

砂張は音質に優れ、鋳造に高度の技を要する銅合金です。鋳造兼鍛造品の銅鑼は見事な技により、厚さ約1mmに仕上げられています。

香取正彦作　朧銀連珠文花瓶

制作の背後に古典研究の成果が窺えます。襷掛けの連珠文と貴石の色合いが朧銀の金味にマッチした落ち着きのある鋳金作品です。

明治時代には「廃刀令」により、金工の重要な仕事である装剣金工の仕事が激減します。しかも、明治政府は殖産興業政策により、欧米の機械化された金工技術を導入したので、伝統的な手工芸の金工は一時的に衰退することになります。一方、万国博覧会を通して、日本的な工芸品の紹介とともに、輸出品の製造を奨励したので、伝統的な金工技法を駆使し、デザインの重要性を修得した金工家たちの作品が制作されることになり、従来からの金工も、近代的な美術工芸へと発展していきます。

昭和以後は、各種の展覧会等で金工作家が活躍し、近代的な金工技法の教育も行われ、多くの金工家が輩出することになり、各種の技法を使い、様々な作品が制作されています。美術的に優れた工芸品を生み出す日本の伝統的な金工技法は、先人たちの知恵と経験を継承しつつ、伝統素材を使用し、用と美を備えた素晴らしい工芸品の数々を作り出しています。

長野垤志作　はじきはだ田口釜

鋳型の内側に鋳物土を弾いて付着させ、鋳込んだ茶の湯釜。口縁部の窪みが田んぼに似るところから「田口釜」と呼びます。

増田三男作　金彩独活花文水指

金彩の独活（うど）花の意匠を独自の造形感覚で纏め、線彫りの鏨の跡も瑞々しく、清新な季節感を表現した会心の作といえます。

金工の技法

人類が最初に利用した金属は、銅や金、銀であり手頃の金属塊を装身具等に加工しましたが、硬度や熔解温度の属性を知ることにより各種の合金を作り、生活用具や武器・武具を作りはじめます。それにともない、各種の技法が工夫されました。ここでは、金工の主な技法である鋳金、鍛金、彫金を簡単に説明しておきます。

鋳金＝金属を加熱して熔解させ、土や砂、石等の不然性の鋳型に注入して仏具、仏像、置物、花瓶、鐘等の作品を作る方法です。

鍛金＝金属の塑性を利用して、金鎚や木槌で打ち延ばしたり折り曲げたりして、壺・皿・花瓶等を作ります。一般に金属塊を叩いて薄い板金をつくり成形する作業を**鍛造**《たんぞう》といいますが、その他に金属板を表と裏から打って立体をつくる**鎚起**《ついき》、金属板を折り曲げたり**鑞**《ろう》（金属材を接合するのに用いる合金）付けして立体をつくる**板金**《ばんきん》などの方法があります。この他に、鉄を鍛練して日本刀等の刃物をつくる場合がありますが、**鍛冶**《かじ》と呼び、ここでいう鍛金とは区別します。

彫金＝金属に**鏨**《たがね》を使って彫刻したり、切削して文様を造形する技法です。多様な彫り方があり、装飾効果を高めます。金属の表面に、別種の金属を嵌め込む象嵌も彫金の一種で、多様な技法があります。

金属の着色

金属の表面を着色するには、塗料を塗布する方法が一般的ですが、剥落し易いものです。伝統的な着色法は、漆や薬品で色を焼き付けたり、金属の素地を酸化させて発色させたりします。別名「**色揚げ**」とも呼び、個々の金属にかなった独特な着色法があります。金工品制作の最終段階で行われる表面処理の着色仕上げは、作品の出来映えを決定する重要な工程です。古来より、無数の手法が考案応用されており、伝統的な金工技法の秘伝といわれるものです。

鉄の着色は、錆を安定させて腐蝕の進まぬ良質の錆を焼き付けることが重要です。その上で各種の薬液を調合した着色液を塗り、焼き付けた後、磨き上げ、黒、青、灰色の落ち着いた錆色を出します。

非鉄金属の金、銀、銅の着色では地金の変色を基本とします。着色液で煮込んだり、薬液を塗り焼き付けたり、表面を火中で焼いたりして磨き上げ、それぞれの金属特有の色味を発色させます。

着色液の中で作品を煮込んで仕上げます。

金工の素材

金属の工芸品の素材である、**金**（**黄金**《こがね》）、**銀**（**白金**《しろがね》）、**銅**（**赤**《あか》**金**《がね》）、**錫**（**青金**《あおがね》）、**鉄**（**黒金**《くろがね》）は、質感、肌合い、色調などから「五金」と呼ばれ、その名はよく知られています。これらの金属を鉱石からとり出す作業が冶金《やきん》です。

人類が火を使い、火によって鉱石を熱すると、鉱石の種類によってその特有の金属が分離します。それが冷えると固まることを知り、古代オリエントやエジプトに銅器の文化が、以来、世界各地で金工文化が開花したものと思われます。

その後も各種の鉱石を精錬分離する冶金技術が発達し、多様な金属素材が発見されました。現在では、単一素材の各種金属や二種以上の金属を熔かしあわせて新しい機能や特性、色彩などをもたせた合金を使って金工作品は作られています。

伝統的な日本の金工で多用されている合金は、**青銅**、**赤銅**《しゃくどう》、**朧銀**《ろうぎん》（**四分一**《しぶいち》）で、特に赤銅や四分一は欧米の金工作家の間でもその名を日本名で呼ぶほどに、広く知られています。その他に、銀と金の合金の**青金**《あおきん》、純金と銅の合金の**紫金**《しきん》、銅と亜鉛の合金の**黄銅**《おうどう》（**真鍮**《しんちゅう》）等があり、色味や技法の用途に応じて使われています。

主な合金

朧銀《ろうぎん》（**四分一**《しぶいち》）＝銅75％、銀25％純金少量の合金。全体の四分の一が銀の銅合金であるところからこう呼ばれ、着色するとグレーになり、銀に古色をつけた風合とは異なった質感があります。朧《おぼろ》な感じで結晶が見えるところから朧銀《おぼろぎん》とも呼ばれています。

佐波里《さはり》（**響銅**《きょうどう》・**砂張**《さはり》）＝銅に錫、鉛、銀の合金。正倉院御物の中にはこの佐波里の碗や匙、皿がみられ、この地金はたたくと良い音がすることから銅鑼《どら》などが造られ（**響銅**）、茶の湯の世界では皆具《かいぐ》、菓子盆などが珍重されています（**砂張**）。

赤銅＝銅に2～5％の純金を混ぜた合金。赤銅の色は光沢のある紫黒色で、「**烏金**《うきん》」とも呼ばれます。

黄銅（**真鍮**）＝銅・亜鉛の合金。一種70：30、二種65：35、三種60：40に分けられ、工芸品に使われる黄銅はその一種で、鍛造、鋳造に適しています。

青銅（**唐金**《からかね》・**砲金**《ほうきん》）＝銅と錫・鉛・亜鉛の合金。銅に錫が多く加わると非常に硬くなります。鋳造地金として用いられ、武器などが作られたことから「砲金」とも呼ばれます。

白銅＝銅70～80％、錫20～30％の合金。白銅鏡でよく知られるように鋳造地金で青銅よりも錫の含有率が高くなっています。

【鋳金《ちゅうきん》】

鋳金は、金属が加熱により流体となり、この熔解した金属を注ぐ容器、即ち鋳型通りに常温で固まるということを用いた技法です。

鋳金が他の金工技法とまったく異なる点は、はじめから金属を加熱するのではなくて、他の作りやすい素材（木、粘土、石膏、蝋等）であらかじめ作品通りの原型を作り、これをもとにして鋳型を製作し、その鋳型に目的の金属を熔解して鋳込むという点です。

これらの原型製作法、鋳型製作法、熔解、合金、鋳造法、仕上げ着色法の技術は古来からの伝統的技法で、その内容も多岐にわたっています。金工技術の中でも、複雑で精密な造形を可能とする成形方法ですが、そのためには鋳型の製作が最も重要な仕事となります。

作品の原型は、蝋、石膏、油土、木等で作りますが、特に美術工芸作品では、可塑性に富み自由な造形や細工が容易な蝋材が古来から良く使われます。

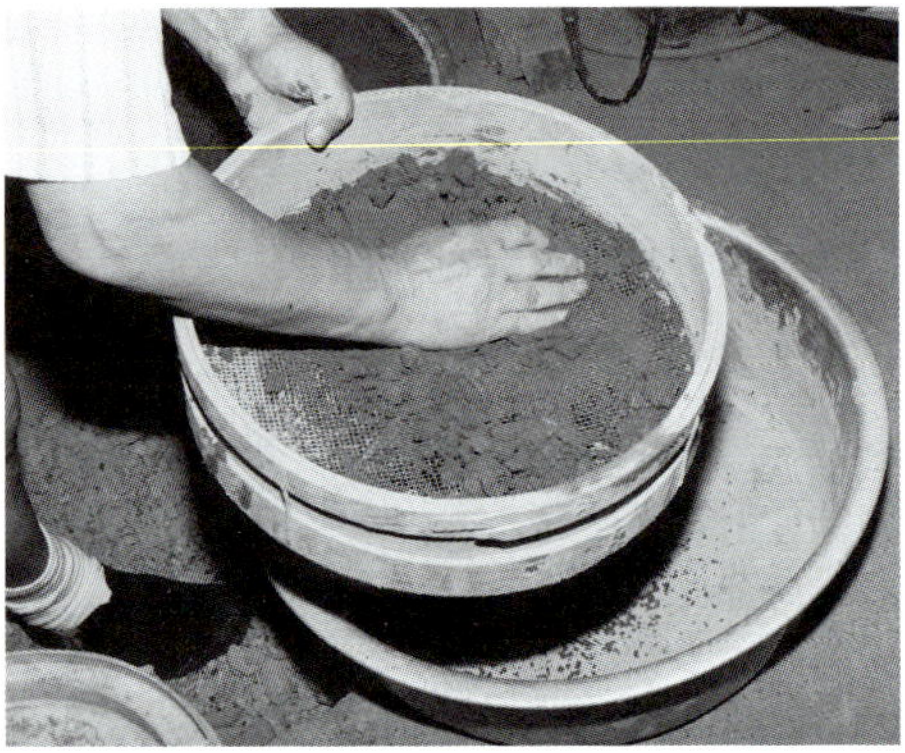
真土にする土をふるいにかける

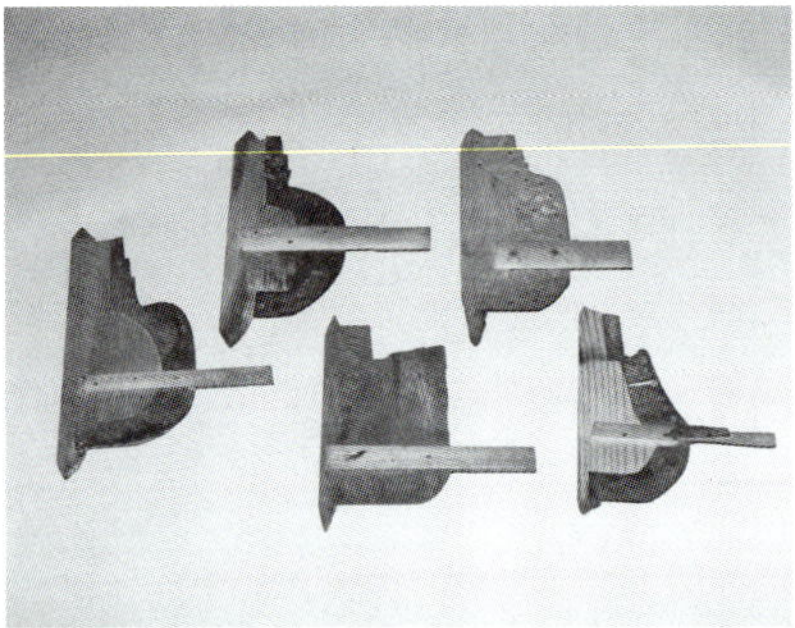
挽型木型＝茶釜の外型を型挽きするのに使用。

型挽き＝木型を回転させて外型を作る。

●鋳型の材料

砂と粘土が中心で、現在では石膏、金属、シリコンも使われます。美術工芸作品の鋳型では、砂と粘土汁を配合した**真土**《まね》という特殊な土を用い一度使用した**真土**の鋳型は、再度粉砕して、鋳型の使用部分に応じた粒度に篩《ふるい》分けて、**埴汁**《はじる》と呼ばれる粘土汁と混合し、くり返し使います。

鋳型の作り方

鋳型の作り方は、工程や方法により「込型《こめがた》法」「蝋《ろう》型《がた》法」「惣型《そうがた》法」等に分類されます。

込型＝粘土などで製作した作品を、一度石膏におきかえ、石膏の原型から鋳型を写し取り、この鋳型に注ぎ込む金属の厚み分だけ小さくした**中子**《なかご》（中型）を作り、鋳型全体を七〇〇度～八〇〇度で素焼きにした後、湯を鋳込む方法です。

蝋型＝蜜蝋、松脂などを配合した「蝋」で原型を作り、鋳物土の「真土」を塗り重ねて土型とします。窯の中で徐々に温度を上げながらこの土型を焼き固め脱蝋をし、その後七〇〇度～八〇〇度で焼成した鋳型に金属を熔解して鋳込む方法です。

惣型＝作品の輪郭線に応じた挽型板を回転させながら、直接鋳型を作り、鋳肌になる部分のみを七〇〇度前後で焼成して金属を鋳込む方法です。

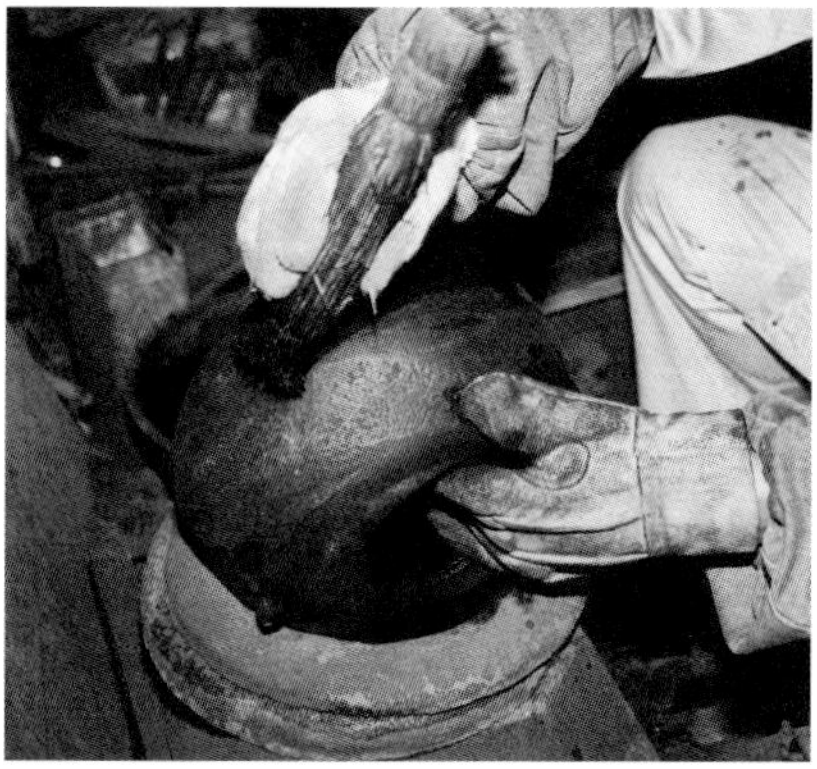

表面処理＝型をばらして取り出した作品は、鉄錆を釜肌に漆で焼き付け、錆止め、着色を行う。

完成した外型

地金を熔かす炉＝茶釜の底にあたる所に取り付けた湯口から地金を注ぐ。

【鋳型のいろいろな技法を使った作品】

高村豊周作　鋳銅花器「鼎」

鑑賞のポイント

鋳金は、金属の熔解性を利用した成形法であり、高温で溶融させた金属（湯）を鋳型の間隙に注ぎ込み、冷却・凝固した鋳物を型から取り出し仕上げるものです。金工技術の中でも複雑、精密な造形が可能です。鑑賞のポイントは、器物の重量感や鋳肌の処理などにあります。

● **鋳銅花器「鼎」**＝古代中国の銅器を参考に独自の意匠で引き締めた簡潔な造形美、精巧な鋳造技術に見るべきものがあります。

香取正彦作　鋳銅潤和盤

佐々木象堂作　蝋型鋳銅置物　采花

●**鋳銅潤和盤**＝青銅製盤の双耳を相対する二羽の小鳥として鋳出した大らかで長閑な雰囲気の作品です。

●**蝋型鋳銅置物　采花**＝佐渡の伝統的な蝋型鋳金技法が、近代的な造形表現に活かされた好例といえます。

●**馬の図真形釜**＝鋳鉄製の茶釜で、芦屋釜の名品を狙った作品です。釜の形、繰口造り、鬼面鐶付、釜肌の妙味、錆付け、さらには蓋や撮《つま》みの形などにも特色があります。

釜の名称

茶の湯釜は、何といっても「形」の良さが要求されます。そして、釜は古くから好まれた形や口造りから呼称される場合があります。これらを知ることにより鑑賞が一層深まるでしょう。

形全体から受ける印象や、部分を表現した名前が釜の名称となっているものでは、真形《しんなり》釜・肩衝《かたつき》釜・撫肩《なでがた》釜・車軸《しゃじく》釜・矢筈《やはず》釜・鶴口釜・富士釜・四方釜など。釜の口の部分がそれぞれ釜の名称になったものでは、繰口《くりくち》釜・甑口《こしきぐち》釜・姥《うば》口《くち》釜・立田釜・十王口釜などがあります。

角谷一圭作　馬の図真形釜

【鍛金《たんきん》】

鍛金の技法を大別すると**鍛造技法、鎚起技法、絞り技法、板金技法**になります。

鍛造に使用される素材は主に鉄材で、炉中で赤熱させた鉄材を鎚で鍛錬しながら展伸させて成形します。日本刀はその代表例で、鍛冶師の手による鍛造技術で製作された最高傑作の一つといえます。現代の金工技法は、鍛冶と鍛金とを区別しています。

鎚起とは、鍛造技術を兼ね備えた技法で、金、銀、銅とそれらの合金を、円形状に打ち延ばして、金属板にした後に、板金の伸展性を利用して成形するものです。出来上がった作品は口縁部がやや厚く、底部が薄くなるのがこの技法の特徴です。

現在一般に鍛金といわれている技法の多くは絞り技法によるもので、木の台（**当台**）に当金を取り付け、板金をこの当金に当て、金鎚、木槌等で絞り込みながら成形するものです。材料の展延性を利用して成形する鎚起法とは基本的に相違し、鎚起法より自由な制作が可能です。広い口の盛器、壷、花瓶のようなものは底部より絞り、細口の一輪挿しの花器のようなものは口の方から絞ります。前

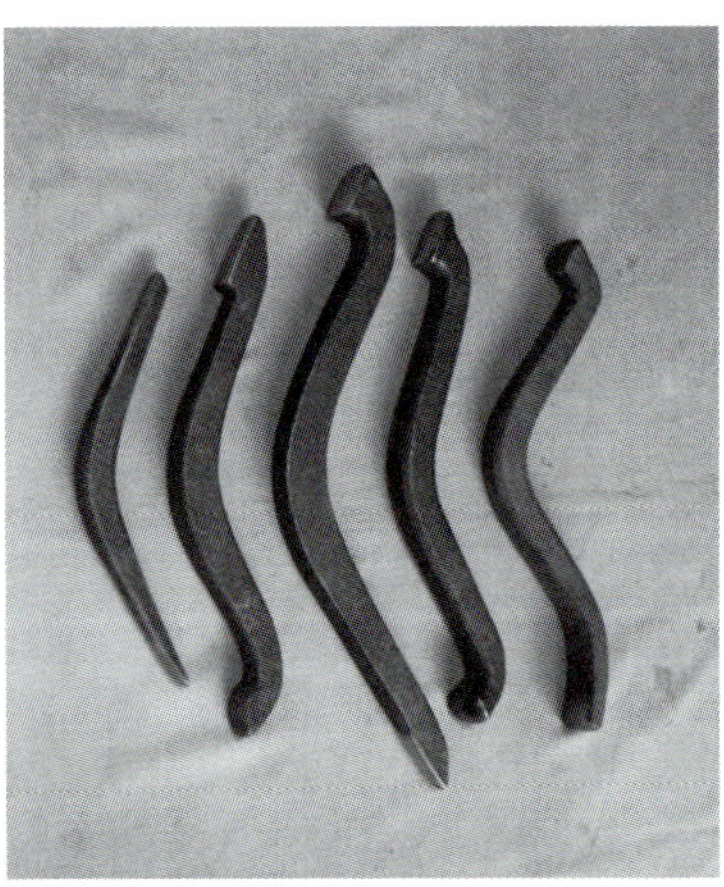

への字の当金各種

各種の金鎚

各種の打立用の当金

者は一枚の金属板で成形するもので、共底と呼び、後者は底部を他の金属板を嵌め込み鑞付けして成形します。

ここで**焼鈍**《やきなまし》（ある温度に加熱して、徐々に冷却する）について述べます。鎚起法の場合も同様ですが、金属板は特殊なものを除き鎚打すると硬度が増し、焼鈍すると柔軟になる性質をもっています。絞り加工などは、この特性を利用して行います。一度絞った銅板の場合では、約七〇〇度で焼鈍を行いますが、他の金属では温度が多少異なります。

板金技法は金属板を折り曲げたり、異なる金属を鑞付（接合）したりして、立体の作品を制作する技法です。

鍛金の制作工程

①**地金取り**＝作品に応じて材料を必要量準備します。

②**張り出し**＝木台を使って、地金をあまり薄くしないように木槌で形状を作ります。

③**絞り**＝当台に各種の当金を立て、金鎚で形状を作ります。基本的には底から打っていきます。

④**絞り**＝寸法を確認しつつ成形をし、への字の当金を使い、しわをとりさらに絞ります。

⑤**均し**＝形を整え、厚みを一定にします。この後、着色をして仕上げます。

木台＝地金を当て、大小の窪みを利用して木槌で成形する。

当台＝この台に当金を立てて絞りながら成形する。

【鍛金のいろいろな技法を使った作品】

田中鉄邦作　鍛四分一銀盤

鑑賞のポイント

鍛造品の特質は器の肉厚が薄いことです。従って、軽量でありながら丈夫で、シャープな造形感覚が表現できます。また、表面に残された様々な槌目の味もその魅力の一つです。

●**鍛四分一銀盤**＝四分一銀は比較的固い素材で、鍛造作業には高い技術力が要求されます。しかし、打ち出された作品には、他の技法では得られぬ軽快な雰囲気が表現されます。

●**銀打込象嵌花器「若芽」**＝端正な銀地のボディに繊細な図柄の秘金（赤銅）が打込まれています。首尾よく仕上げられた鍛造品には、シャープな感

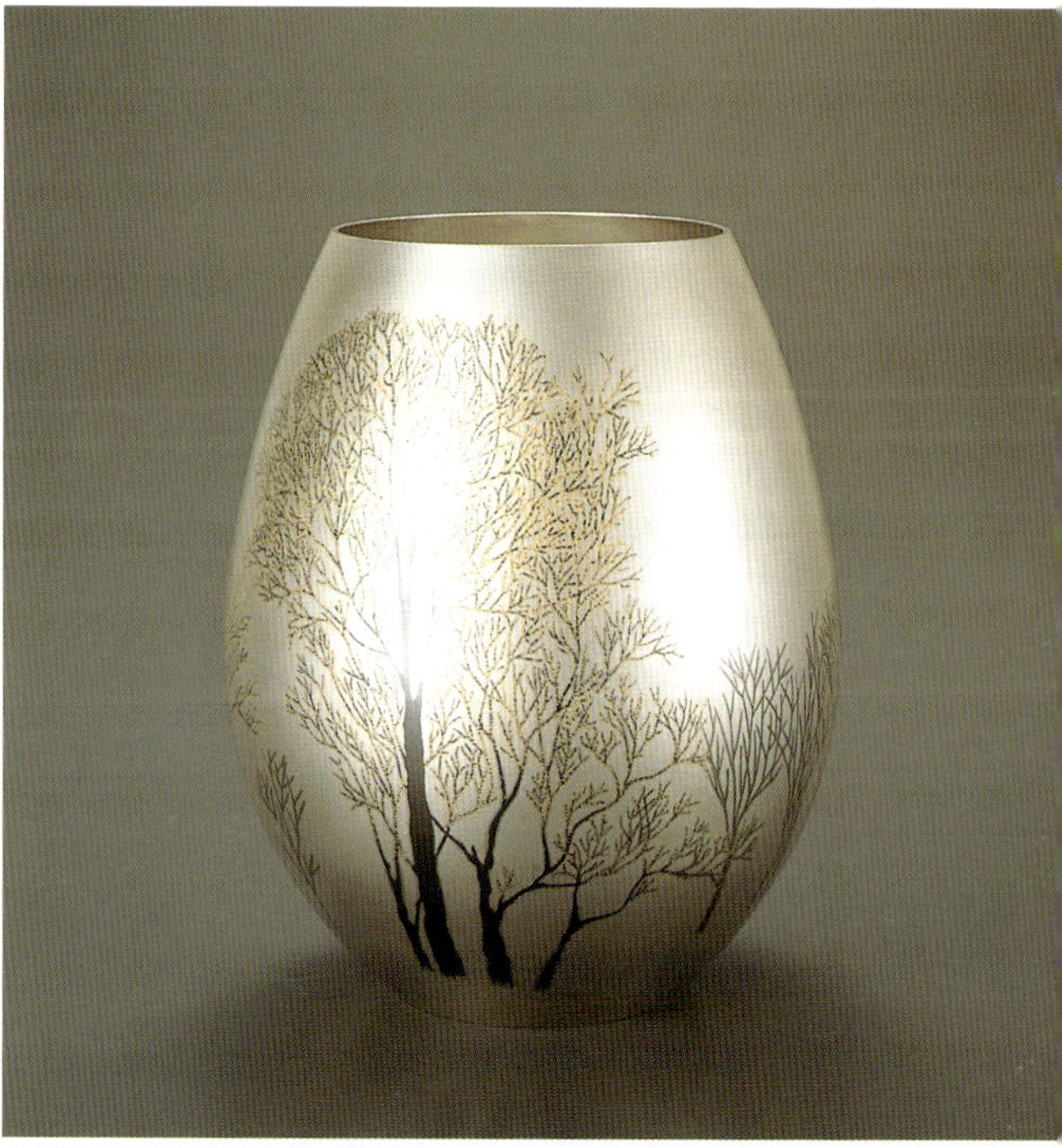

奥山峰石作　銀打込象嵌花器「若芽」

関谷四郎作　赤銅銀接合皿

井尾敏雄作　鍛鉄置物「鶉」

覚による面白味が生み出されます。

●**赤銅銀接合皿**＝銀と赤銅の板金を鑞付けして素地を纏め、さらに四方の縁を軽く打ち起こした作品。確かな腕前により穏やかな槌目を留めた佳品です。

●**鍛鉄置物「鶉」**＝鍛造加工では困難な鉄材を思いのままに打ち出し、鶉の姿態を破綻無く表現した優品です。作品の錆色の着色も見所だといえます。

【彫金《ちょうきん》】

彫金は立体的あるいは平面的な金属表面に鏨《たがね》で文様を彫ったり、透かしたり、他の金属を嵌めたり、レリーフとして打出したりして加飾する技法です。

この技法のなかには、刃先のついた鏨で線を彫り込んでゆく**毛彫り**、平鑿《のみ》のような刃先を立てながら、三角形の刀痕を連続して線状に表す**蹴り彫り**、鏨の片角を利用して、筆意を生かした図柄を線彫りの巾や強弱、切れ味で見せる**片切り彫り**、ムクの金属材を各種削り鏨を使って立体的に彫刻してゆく**彫り崩し**、その他、厚い地金で文様を片切鏨で薄く肉彫りする**肉合《ししあい》彫り**などがあります。

また、金属表面を叩いて無機的な味わいや変化をつける技法として、古くからは小さな泡粒状に打つ**魚々子《ななこ》打ち**や**石目**があります。

素地の一部を切鏨や糸鋸で切り抜いて色々な文様を表すものに、**透かし彫り技法**があり、金属表面に凹凸の肉取りをつけて文様を表すものに、**浮彫り技法**があります。

単一の金属では表面効果が十分に得られない場合の技法として、**象嵌技法**があります。地金は、比較的硬めの銅、鉄、真鍮、赤銅、朧銀（四分一）等ですが、象嵌する金属は、金、銀などのような軟質のものの方が合理的です。

象嵌は、金属の素地に嵌め込む文様の形をあらかじめ彫り下げておき、他の金属を嵌め込むものです。線状に嵌めるものを**線象嵌**、平面状に嵌めるものを**平象嵌**、平面上より盛り上げて嵌めるものを**高肉象嵌**、素地の表面を鏨で布目状に刻み、その上に金、銀、鉛等の薄板を打ち込む**布目象嵌**等、その技法は多種多様です。

布目象嵌＝直角に鏨を当て、ずらしながら均一に布目を彫る。

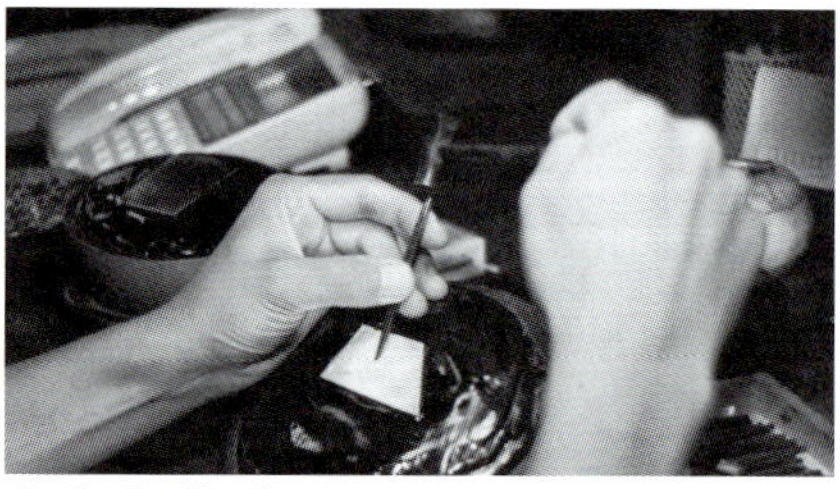

蹴り彫り用の鏨の使い方

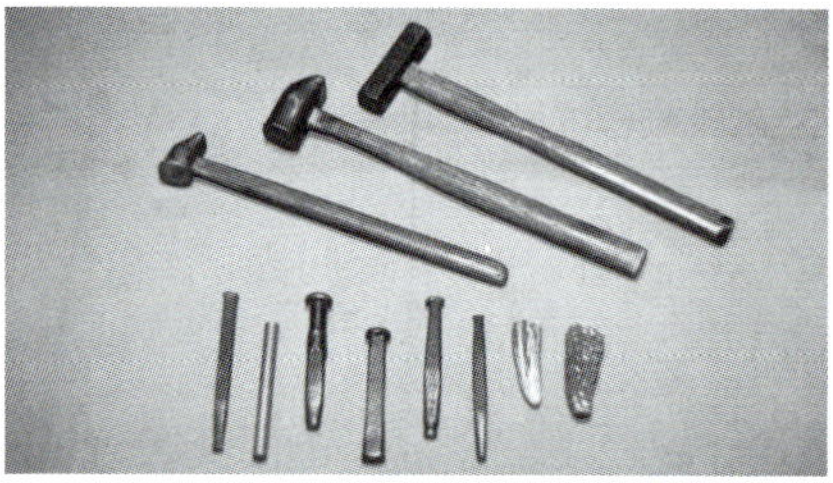

打ち出し用の鏨と金鎚

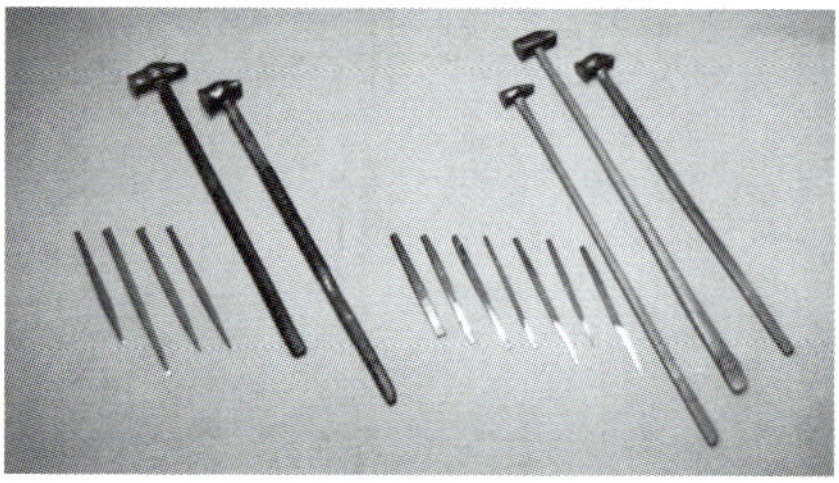

蹴り彫り用（左）と布目象嵌用（右）の鏨と金鎚

技法と鏨《たがね》

毛彫り=彫り跡がV字型になる鏨で、古くは小金仏の布の線、仏具の飾り模様、甲冑刀剣など広く使われ、現在でも工芸品の中に多く見られます。大小種類が多く、作品の大きさなどにより、使い分けられます。別名**セギリ**。**四分鏨**《しぶたがね》が使われます。

丸毛彫り=毛彫りの先端を丸く作った鏨で、彫り跡はU字型で、古くから使われています。工芸品制作はもとより、作者銘を切るときに使用されましたが、現在ではほとんど使われていません。 別名**甲透**《こうすき》。

刃鏨=各種の金属の一部を切る（彫る）ときの鏨で、文様を彫るときにも使われ、象嵌のときなどには大小各種を使います。コンクリートを削り取るときに使うチスタガネを小さくし、更にそれを鋭角に研ぎ上げた形をしています。武具の装飾文様の殆どに使われ、現在でも多くの彫金作品に見られます。別名**削**《はつ》**り鏨**《たがね》。

蹴り鏨=チスタガネを小さくした形で、奈良の仏具関係の多くにその使用例が認められ、現在にいたるまで多くの工芸品に使われている鏨です。鏨をやや斜めにし、その角を連続させて打ち込みながら、文様又は文字を表現します。最初に習う鏨の一つで、毛彫りと同じく、その人の特徴が出ます。

打ち出し=打ち出しの技法は、先端を様々の形で丸く作った鏨で、絵画（レリーフ）から身近な装身具類にいたるまでその表現手法は多様です。装身金具の高肉打ち出し（**目貫**《めぬき》**打ち出し**）、硬貨、メタル等に見られる薄肉打ち出しなどがあり、また裏出し（裏側を鏨で打ち、それを表に表現する）を併用する技法もあります。また鏨の種類も多く、それぞれの呼称があります。一例としては**滑刳**《なめくり》、**規目鏨**《きめたがね》、**毛打**《けうち》、**側寄**《そばよせ》、**溝鏨**《みぞたがね》、**男鏨**《おたがね》、**女鏨**《めたがね》、**罫鏨**《がいたがね》、**減鏨**《へしたがね》、**入江鏨**《いりえたがね》、**瓢箪鏨**《ひょうたんたがね》等があります。

象嵌=金属に他の金属を嵌《は》め込む（埋める）技法で、古墳時代から行われ、建築の装飾金具などにその技術が生かされ、特に江戸時代には日本独自のものが見られます。**平象嵌**、**高肉象嵌**、**研ぎ切り象嵌**の三種に大別され、鏨と技法はそれほど大差がありません。また鏨の種類も多く、その時々により各自が工夫した鏨が使われます。**毛上げ鏨**、**寄せ鏨**等各種あり、総称して**象嵌鏨**といいます。

線象嵌=金属線を素地に嵌《は》め込む技法で、嵌入される線と鏨の幅が一致しないと良い結果が得られません。また、研ぎ上げる平象嵌と高肉にする方法の二種があります。鏨は、刃鏨を鋭角に研ぎ上げた様な刃先を有し、摩耗や欠損の多い鏨です。別名**剣先**《けんさき》。

布目象嵌=薄い金属（主に金、銀、青金、鉛）を嵌め込む技法です。用いる**目切鏨**《めきりたがね》は、鑿《のみ》と同じような角度の刃先で、幅は〇、五ミリ前後から一センチ前後で、摩耗が最も多い鏨です。大きく分けて関西風と関東風とがあります。鏨は一種ですが、地金の表面を順番に縦、横、斜めに切り（打つ）、その細い溝の中に薄い金属を嵌め込む方法です。その人その地方によって、技法と順序がかなり異なるのが布目象嵌の特徴とも言えます。

【彫金のいろいろな技法を使った作品】

金森映井智作　鋳銅象嵌六方花器

内藤四郎作　銀細線文筥

鑑賞のポイント　彫金作品の鑑賞では、作品の手頃な大きさ、意匠、色金の他、鏨の扱い方、着色仕上げの調子などが見所になります。

●**鋳銅象嵌六方花器**＝鋳物の仕事を熟知した高岡の線象嵌の仕事です。特有の浮象嵌が効果的に採用されて、現代的な作品に仕上げられています。

●**銀細線文筥**＝落ち着いた銀地に力強い蹴彫りの細線と魚々子を刻み込み、肌には古典的で優雅な槌目が施されています。最小限度の彫金技

鹿島一谷作　布目象嵌露草文銀四分一接合水指

鹿島一谷作　朧銀柳汀文花器

法でどっしりとした作品に纏められています。

●**布目象嵌露草文銀四分一接合水指**＝銀と四分一を接ぎ合わせた水指に金、鉛の布目象嵌で加飾が施されています。象嵌を研ぎ出して濃淡暈しの露草を配した洒落た作品です。

●**朧銀柳汀文花器**＝四分一のボディに切嵌め、平（本）、消し、布目、研ぎ出しなどの各種象嵌技法が駆使された作者の代表作です。

【金工の用語】

鋳《い》ぐるみ＝鋳金技法で、鋳型の中に異なる金属を埋め込み、地金を熔解して鋳込み、異なる金属を文様に表現する技法です。

打《う》ち込《こ》み象嵌《ぞうがん》＝鍛金技法で、彫金の象嵌とは異なり、器物面に異なる金属の文様を鑞付し、紋金を素地に打込んで、象嵌の効果をあげる技法。

切嵌《きりばめ》＝鍛金技法で、器物などの素地を糸鋸等で文様の形に切り抜き、そこへ異なる金属の紋金《もんがね》を鑞付けする技法。

鍍金《ときん》（消《け》し）＝金消し、銀消し等があり、金属と水銀を合せたアマルガム状にして、銅やその他の金属の鍍金部に銅製の箆《へら》で塗り、熱を加えて水銀を蒸発させて鍍金する技法です。

南鐐《なんりょう》＝美しい銀、良質の銀のこと。茶道の世界では金を印子《いんす》、真鍮を黄銅、銅を唐金と呼ぶがそれと同じ慣用語。

接合《はぎあわ》せ＝鍛金技法で、異なる金属を鑞付の技法を用いて素地とし、器などを制作する技法です。

吹分《ふきわけ》＝鋳金技法で、異なる金属を別途熔解し、計画的にタイミングをずらして、同一の鋳型に鋳込み、その合金のもつ色合いの違いを見せる技法。

杢目金《もくめがね》＝異なる金属を10～20程重ね、熔着させて叩き延ばした後に、鏨等で杢目に削り、さらに叩いて平らにした地金のことです。

和銑《わずく》＝日本古来の製鉄技術による唯一の銑鉄で、砂鉄をタタラ吹きして製造されます。

木竹工

飯塚小玕斎作　松葉編白錆花籃「白龍」(部分)
松葉編を主としたいくつかの編みを併用した作品。素材の持つ清楚な美しさが感じられます。

氷見晃堂作　線象嵌平卓(部分)
欅の杢の美しさを生かし、金と銀の縮れを象嵌した作品。

木竹工は、木や竹の素材そのものの美しさを活かす工芸です。木工は、木の生命感や重量感、個性ある木肌や木目の美しさを活かし、竹工は竹の弾力性や伸びやかさ、編組によって生まれる模様の美しさ、素材の持つ自然の美しさの魅力を作品に反映させています。

日本は、多様な気候や風土に恵まれており、素材の木や竹が多種豊富にあるため、古くから建築、家具、調度、什器等に木や竹を用いてきました。

木工品としては、縄文弥生時代の遺跡から椀、高杯、櫛、弓や丸木舟など多くの木製品が出土しており、その後も道具の発達と共に進展しています。また、正倉院宝物の中には赤漆文欟木厨子を始めとする見事な作品が残っています。

一方、竹工芸においても、縄文時代にはすでに竹編みの容器がみられます。正倉院の作品はもとより平安時代の華籠等の遺品もありますが、室町以後は茶道具としても用い

氷見晃堂作　大般若理趣分経之箱
いろいろな種類の木材を菱形にとり、その間に銀の縮れ線を象嵌した作品。

黒田辰秋作　栃杢拭漆手箱
木塊を刳って蓋と身に作った作品。木の厚さを感じさせ重量感があります。

られるようになり、台子、丸卓、茶杓、花入等の多様な作品が作られてきました。その技法は、日本的な特色を示しつつ技術的に多様な展開をして、現代にまで受け継がれています。

江戸時代の町人文化は、木竹工芸の世界に意匠をこらした技巧的な作品と名匠を生み出していますし、明治以降は各種展覧会を通して、多くの個人作家が伝統的な各種技法を応用発展させ芸術的な作品を作り出して、近代工芸としての木竹工芸が確立されるようになります。

今日では、日本伝統工芸展をはじめとする公募展や個展、グループ展等さまざまな展覧会を発表の場として、格調高い作品が作り出されています。

生野祥雲斎作　無双編竹盛器
幅広の材を編んだもので、柔らかで素直な竹の素材を生かしています。

飯塚小玕斎作　竹刺編菱文提盤
緻密な編みは竹材の染色とともに重厚感を感じさせます。編目の作り出す幾何学模様も美しい。

木工芸の技法と素材

木工芸の技法は、素材の取り扱い方から、**指物**《さしもの》、**刳物**《くりもの》、**挽物**《ひきもの》、**曲物**《まげもの》、**彫物**《ほりもの》、加飾技法としての**木象嵌**《もくぞうがん》**（木画）**があります。これらの技法は異った表現効果があるため、作る目的によって、それに合った方法がとられています。また、木材の硬さや色の濃淡、木目の様子等、素材の選定も木工芸の重要なポイントです。木材は、切った後何年もかけて十分に乾燥させ、必要な部分を鋸で挽いたり割ったりして使います。これを木取《きど》るといいます。

木取りは、年輪が平行の線となる**柾目**《まさめ》**取り**と、年輪が不規則な**板目**《いため》**取り**があります。一般的に木表の方が木目が美しく艶もあります。

木には様々な要因によって不規則で複雑な模様ができる場合があります。これを**杢**《もく》といい、木工芸の重要な見所です。杢は、その模様の形により、**玉杢**《たまもく》、**葡萄杢**《ぶどうもく》、**笹杢**《ささもく》、**鶉杢**《うずらもく》等、いろいろな模様があり、美しい杢は珍重されます。

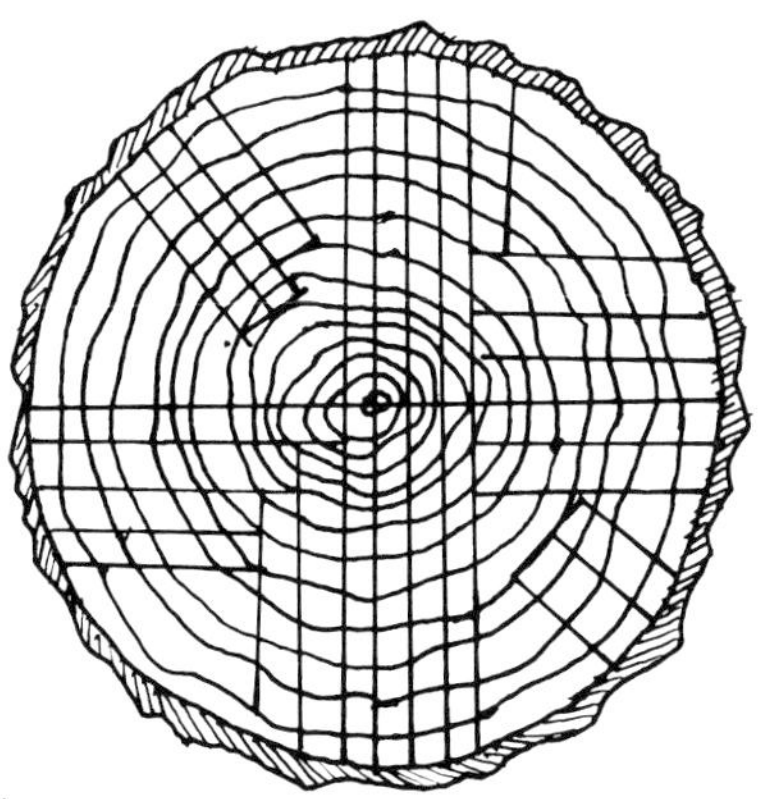

柾目取り

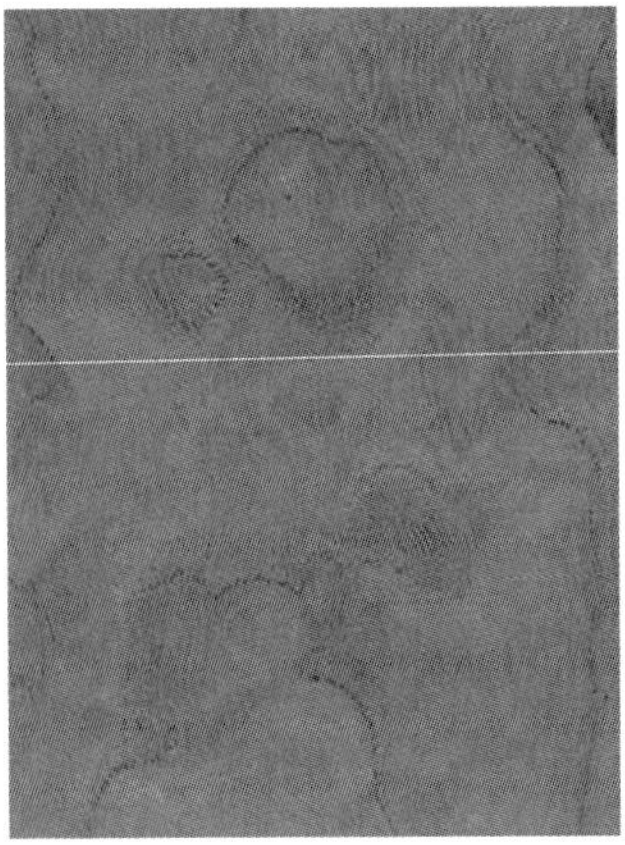

玉杢

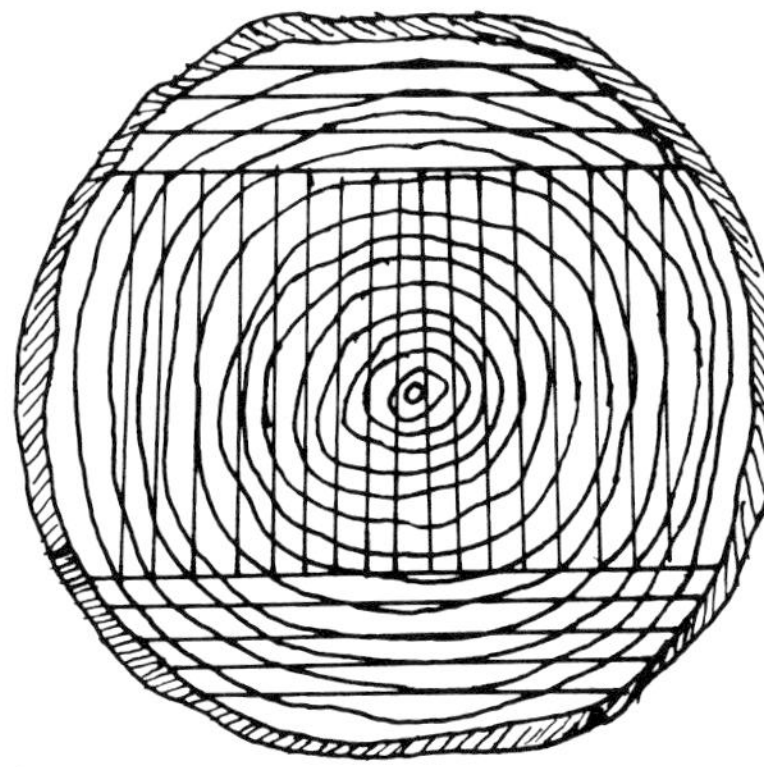

板目取り

鶉杢

木の種類と性質

木の種類は、檜、杉、松、一位《いちい》等の針葉樹と桑、欅、栃、朴等の広葉樹に大別されますが、木工では、**硬木**（桑、欅、柿等）、**軟木**（杉、檜、桐等）、**唐木**《からき》（紫檀、黒檀、鉄刀木《たがやさん》等の南方産の輸入材で特に硬い）に分類することもあり、その木の性質に応じて使われます。また、長い間、土中や水中に埋没して、非常に古いという意味で神代《じんだい》木があり、神代杉、神代欅と呼び、灰色で独特の雅味をたたえている材料もあります。

唐木

紫檀

黒檀

鉄刀木

軟木

杉

松

檜

硬木

桑

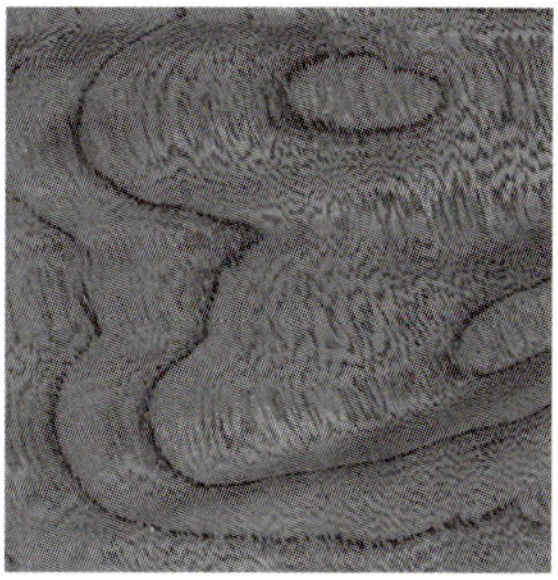
欅

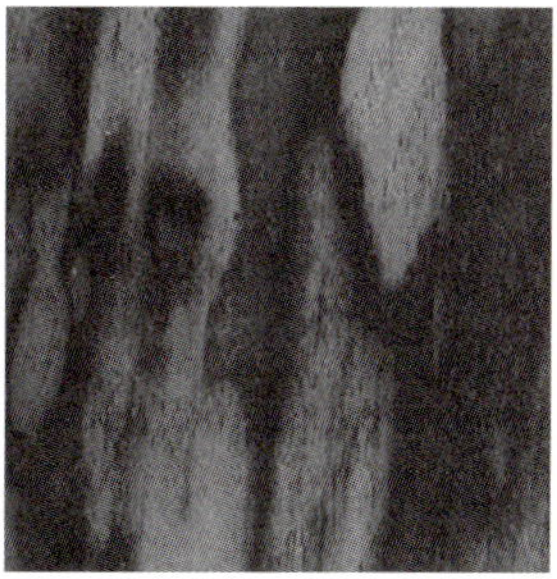
黒柿

【指物《さしもの》】

指物は、手箱、文机、飾り棚など、板状の素材を組み合わせて複雑な形を作る技法です。物差しを当て制作することから**指物《さしもの》**と呼ばれるようになり、技術的には、二枚以上の板を並べあわせて一枚の幅広の板を作る**矧合《はぎあわせ》**、板と板を直角に組む**組接《くみつぎ》**、柱と柱を枘《ほぞ》で接合する**枘組《ほぞぐみ》**等の技法があります。

組接

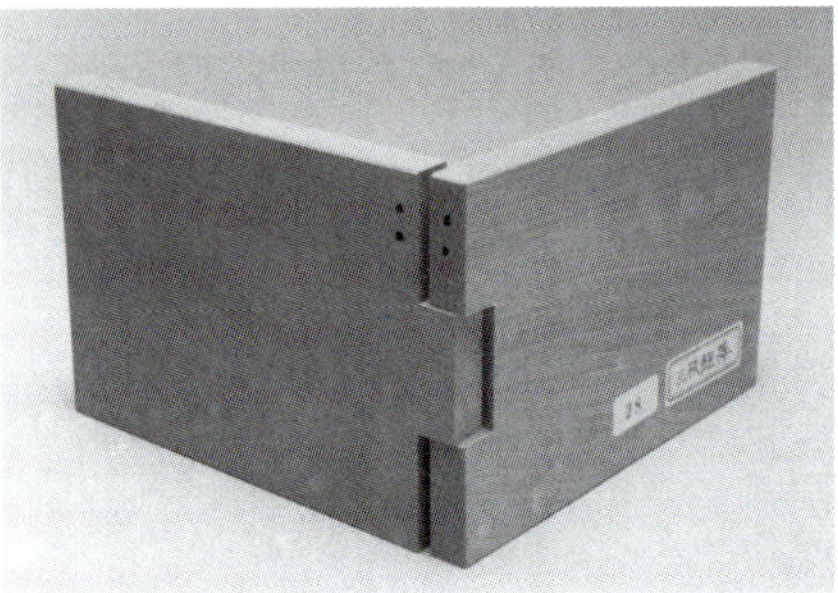
組接

矧合

枘組

矧合

枘組

矧合

大野昭和斎作　桑葡萄杢八稜箱

鑑賞のポイント　指物はいくつもの板材を組んで作品に仕上げるため、複雑な形や大きな作品を作ることができます。組み合わせた個所は、強くしかもきれいに仕上げなければなりません。また、作品は平面の組み合わせであるため、理知的な美しさがあり、全体の形と用いられた材の種類、木目のバランスも重要な要素となります。美しい葡萄杢を用いた**桑葡萄杢八稜箱**、すっきりとした柾目を生かした**槐座右棚**などがあります。

須田桑翠作　槐座右棚

【刳物《くりもの》】

盛器、盆など、一木の素材を刳《く》って、刀や鉋、鑿《のみ》等で成形します。同一の形を複数作ることが難しい反面、自由な形や線を出すことができ、作家の感覚を素直に表現できます。刳物の制作は、まず、素材の木目や持ち味を十分に考慮して、大まかな形状の荒木取りをします。刳物は、微妙な手作業が主体ですので、その道具は作家が自分の手に合うものを独自に作って用いています。

鑑賞のポイント　刳物でしかできない自由な形や線を生かした、複雑な曲線、曲面を持ったものが多く作られています。一木の材を用いるため、木の厚みを生かした量感と素材の本来持っている生命感をよく表すことのできる技法です。制作の過程で木目の状態や作者の意図によって、随時変更を加えながら完成させることができます。たいへん硬い唐木を用いた**宝相華嵌荘花形香座**と桐のような軟木の**輪花盛器**とでは制作する道具もちがい、作品の持ち味も異なります。

大坂弘道作　宝相華嵌荘花形香座

中臺瑞真作　輪花盛器

【挽物《ひきもの》】

大まかに木取りした材料をロクロによって回転させ、それに刃物を当てて成形する方法で、丸い形の盆・椀・鉢等の量産に最も適しています。一貫制作の工芸作品の場合は、素材を十分吟味して、木目や形を考慮して独自の美的表現を行います。**筋挽《すじび》き**という鉋や小刀で木肌に筋をつけるロクロならではの装飾技法には、毛筋、糸目筋、稲穂筋、松毬筋等の模様があります。

鑑賞のポイント

ロクロによる成形なので、同心円の丸い形の作品がほとんどです。創作の方法としては制約が大きいですが、素材への十分な吟味と独創的な形への追求は**欅拭漆蓋物と木皿**のような、複雑な木目を生かした作品や、**神代欅盛器**などのすっきりとした木目を生かした作品など、美しい曲線を持った作品として完成されています。また筋挽きという挽物独特の装飾技法を用いているものも多く制作されています。

水上荘詠作　欅拭漆蓋物と木皿

川北良造作　神代欅盛器

【木象嵌《もくぞうがん》】

器胎の素地に溝や穴を彫り込んで、そこに異なった材料を嵌入充填する技法が象嵌です。木象嵌の技法は、正倉院御物の中に見られ、これらの古典作品の復元研究をはじめ様々な努力により、文様を自由に表現できる木象嵌の作品が、多くの作家によってつくられるようになりました。

【曲輪《まげわ》】

材質が素直な檜、杉等の薄い板材を熱湯で処理し、木の繊維を柔らかくして成形し、円筒や楕円形の水指や建水の側面などに利用する技法です。

【彫物《ほりもの》】

木の表面に文様を彫り込んだり、彫り出して装飾する技法。建築の欄間、門扉、仏具の装飾等に施されています。

鑑賞のポイント

素地に異なった種類の材料を嵌め込むという方法による、表面的な装飾技法です。象嵌する材料はさまざまで、ほかの種類の木材のほか貝や石、象牙、金属などがあります。**輪華文縞黒檀印箱**では縞黒檀の指物木地に、金、黄楊、染角、象牙などを嵌入して表面を平に研いで、華やかな装飾にしています。

秋山逸生作　輪華文縞黒檀印箱

竹工芸の技法と素材

竹工芸の素材は真竹、孟宗竹、淡竹などがよく用いられます。その技法は、編組品、丸竹切、丸竹組物、茶杓等に大別されています。仕上げは素材のままのもの、色染めのもの、漆塗りのものがあります。竹工芸の中心となるのは、編組品で、充分に乾燥させた竹を、油抜きにし、表皮を取り除き、節を削り、細割りして材料の太さを整えます。

色染めをする場合は細割りした竹材を染料等で染めて用います。編組によって成形したものを、縁の部分や把手、角の部分に、補強と装飾を兼ねて細割りした籐をまいて仕上げる場合もよくみられます。

竹工芸作品の大半である編組品を中心に、素材とその特性、技法を説明しましょう。

❖細割《ほそわ》り作業❖

編組品の制作には、まず竹稈を細く割り材料を整えます。細割《ほそわ》りには、竹を柾目に割って、表面の部分を厚さとする**柾目割《まさめわ》り**と表皮部分を幅とする**平割《ひらわ》り**があります。工芸品の場合、細割りの前に表皮を取り除き、落ち着いた艶を出す竹磨《たけみが》きや節の部分を削り取る節削《ふしけず》りの作業を行います。

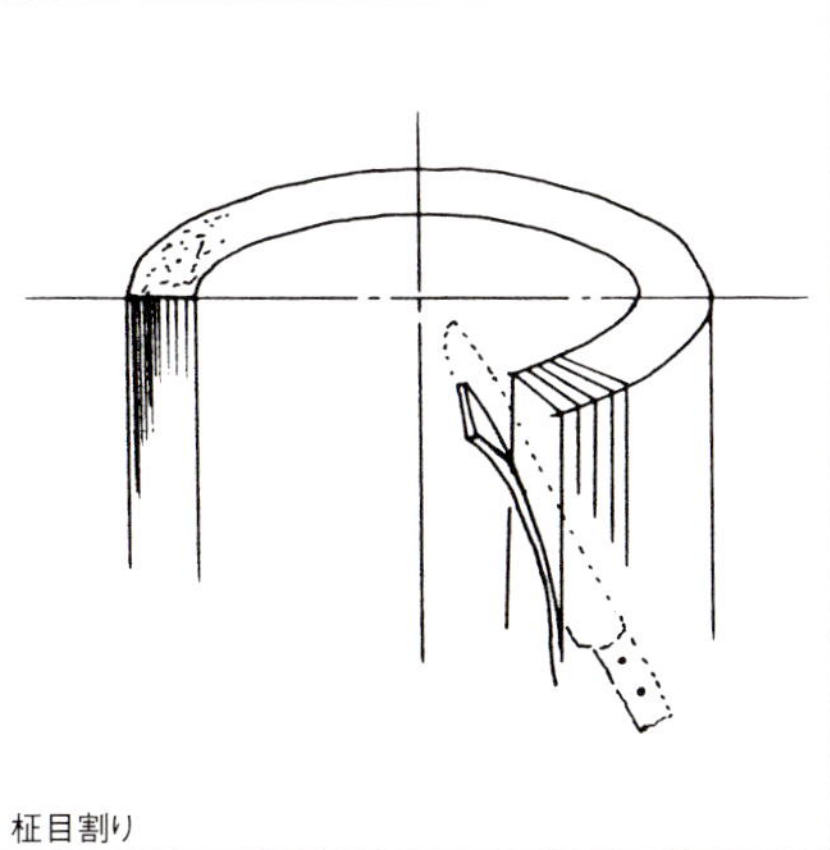
柾目割り

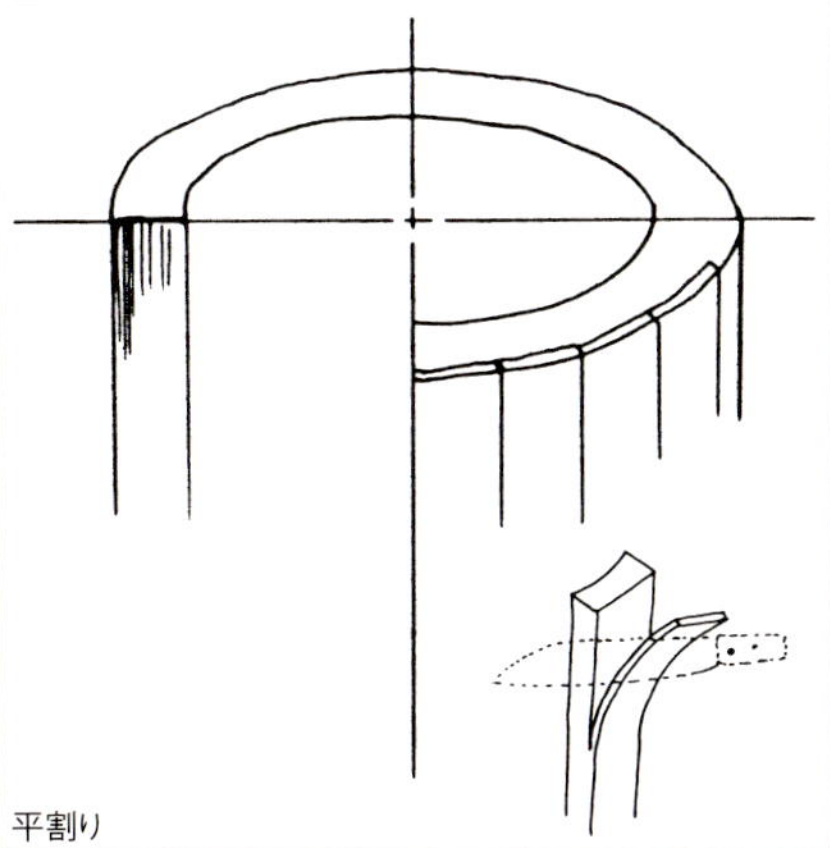
平割り

竹材は、竹につく虫の少ない冬期に伐採し、乾燥させて使います。竹は中空の管状形態で、これを竹稈《ちくかん》といいます。竹稈は、直角の方向に対する力が強く、しかも軽いので、竿や竹梯子に利用されますし、中空を利用して、尺八、笙、笛に利用されています。木材に比べて竹材は維管束の数も多く面積も大きいので、細かく分割しやすいのが竹の特質です。しかも、細割した素材は、弾力に富み、伸縮性も少ないので、編組品に適しています。

竹の種類

日本には六百種以上の竹、笹の類が生育していますが、編組品の素材としては限られており、割り・剥《は》ぎ・曲げが容易で弾力性に富む真竹《またけ》、日本で生育する竹の中で最大の孟宗竹《もうそうちく》、その他に淡《あわ》竹、篠《すず》竹、雌《め》竹等が使われます。

また、天井裏に取り付けられ、かまどや囲炉裏などの煙によって燻《いぶ》された竹を煤竹《すすたけ》といい、美しい暗褐色を呈します。竹工芸では高級な竹材として珍重されますが、入手が困難になっています。

黒竹（くろちく）

淡竹（あわたけ）

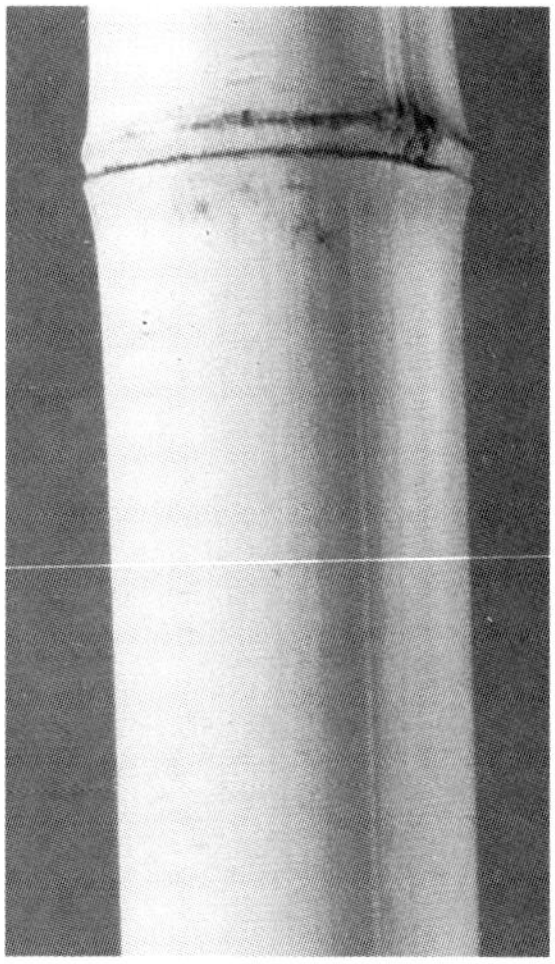

真竹（またけ）

唐竹（からたけ）

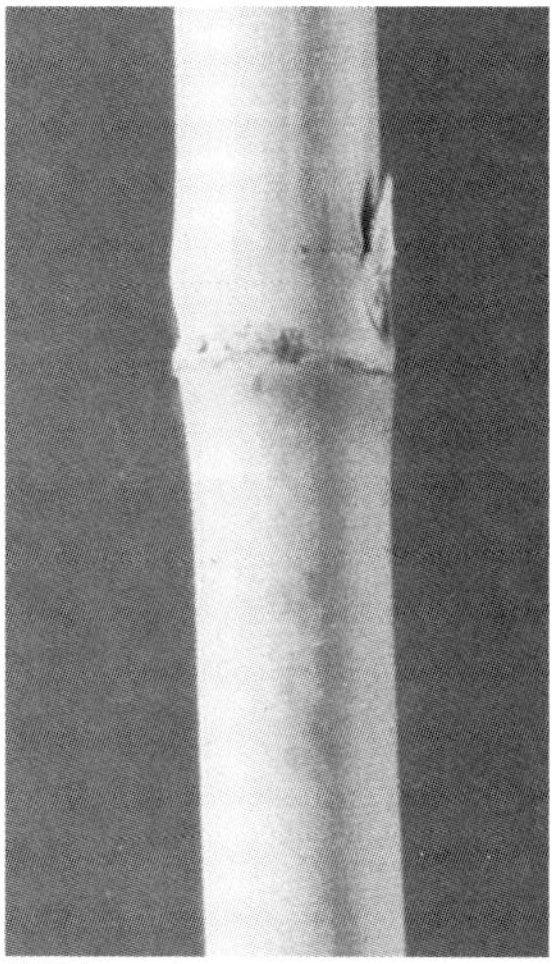

雌竹（めたけ）

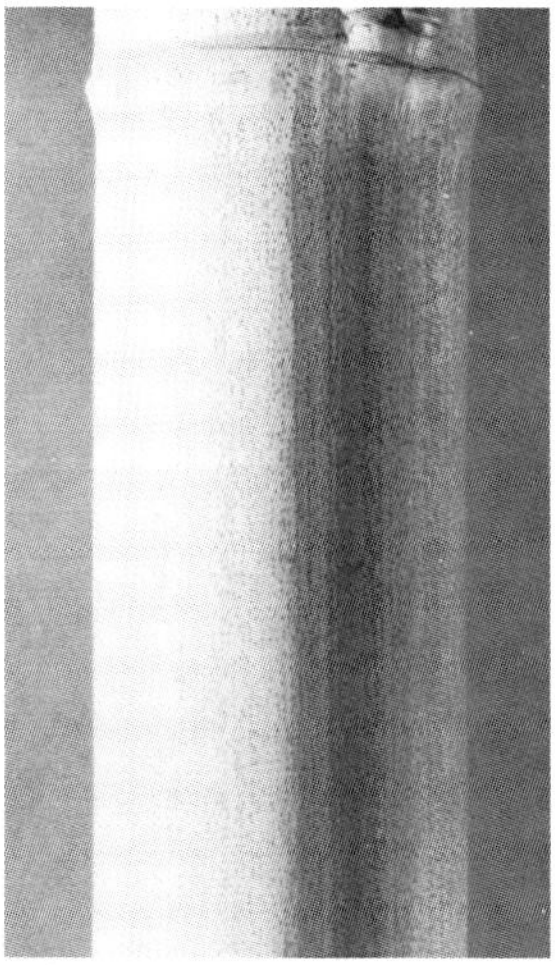

孟宗竹（もうそうちく）

編組の種類

編組による竹の織りなす線や編み目の美しさは、繊細で上品な趣があります。編組技法は、種類も多く、各地で独自に発達しており、その呼称も様々です。編組品は一つの作品の中にいくつもの技法が組み合わされている場合が多いです。

編組を大別すると、縦、横とも同じ竹材で編む共組物と縦を主軸に横は別の竹材で編む廻し物にわかれます。

代表的な編組の模様を系統的に大別して示しておきますので参考にしてください。

阿弥陀光編

二本飛び網代編

四ツ目編

菊編

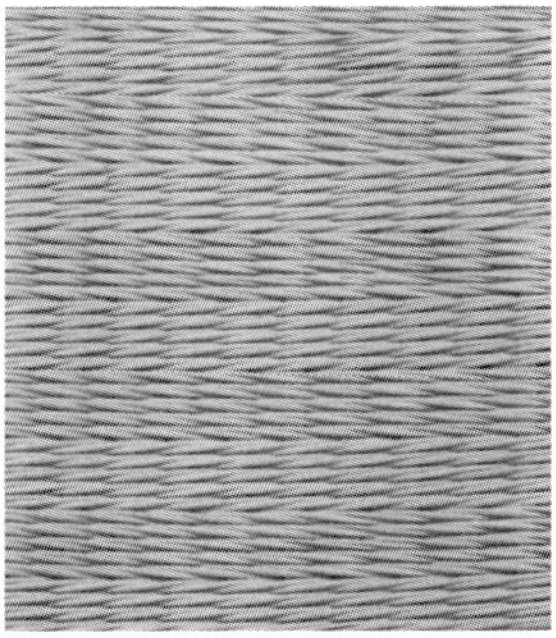
縄目編

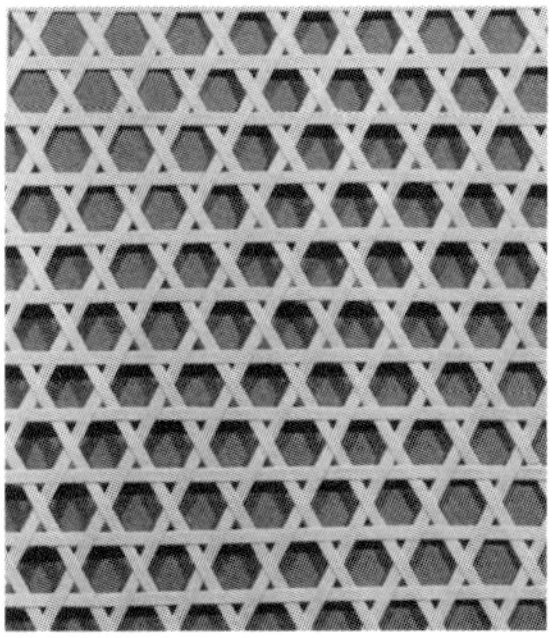
六ツ目編

寄せ編

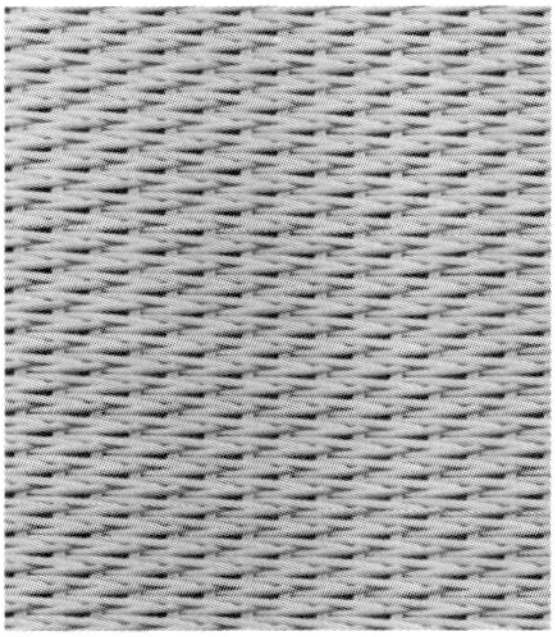
松葉編

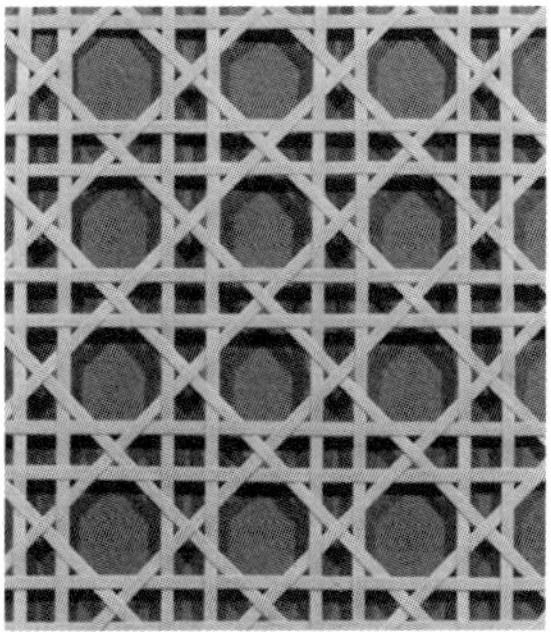
八ツ目編

■代表的な編組品

竹工芸の中心は編組品で、素材を活かしつつ多様な技法が複合的に使われて製作されています。編組の方法、材の太さ、形とのバランス等により、作品としての豊かな表情が表われます。

飯塚琅玕斎作 花籠「あんこう」

飯塚小玕斎作 束編菊花文提盤

二代前田竹房斎作　印葉花籠

生野祥雲斎作　怒涛

鑑賞のポイント　竹工芸は一つの作品にいろいろな技法を併用している場合も多く、その組み合わせも作品に大きく影響してきます。同じ技法を用いても材の幅や大きさ、用いかた、作品の形などでいろいろな効果を生み出すことができます。例えば同じ束編による作品でも、**花籠「あんこう」**ではゆったりとした重量感が感じられ、**束編菊花文提盤**は柔らかく緩やかな曲線を持ち、六つ目編と組み合わされて優美な雰囲気を醸し出しています。竹材を組んで作った作品でも、繊細で涼しげな感覚がある**印葉花籠**に対し、**怒涛**は竹の弾力を生かした力強い動きがあります。竹工芸の魅力は、清潔さ、しなやかさ、弾力のある力強さなど素材の持つ力、編みによってできる美しい模様と特有の張りのある柔らかな形です。

【木竹工の用語】

唐木《からき》＝南方産の輸入材のことを言います。紫檀、黒檀、鉄刀木などがあり、ほとんどが非常に硬く木工では昔から特殊な分野として扱われています。

香盆《こうぼん》＝香炉などをのせるために用いる盆のこと。木工のほか黒漆塗、蒔絵などいろいろな材料、技法のものがあります。

神代《じんだい》＝長い間土中や水中に埋没していた木材をいい、非常に古いという意味で用いられ、欅、杉、栗などがあります。独特の雅味のある渋さが好まれますが、狂いやすく、制作には細心の注意が必要です。

煤竹《すすたけ》＝植物学上の種類ではなく、天井裏などに置かれていて、長い間煙で燻されて暗褐色になった竹のことを言います。渋い美しさが珍重されます。

拭漆《ふきうるし》＝木地の表面に薄く漆を塗って仕上げる方法。脱脂綿や布に含ませた漆を木地に摺り付け余分な漆を和紙で拭き取ります。木目がくっきりとし、木肌も深みを増します。

編組《へんそ》＝竹材をさまざまな編み方で作品に仕上げることをいいますが、編組によって形を作ると同時に、編目の模様も表すことができます。

柾目割り＝編組の材料として竹を細く割る場合、竹の厚さを材の幅にする作り方のことをいいます。これとは反対に、表皮の部分を竹材の幅にとる方法を平割りといいます。

丸竹《まるたけ》＝竹を細く割らないで竹稈の状態を言います。太い丸竹を花入れにしたり、細い丸竹を組んで花籃などの作品にします。

木画《もくが》＝木画には絵画文木画、木地木画、幾何文木画があります。絵画文木画は木象嵌のことで、木地にさまざまな種類の材料を嵌め込んで模様を表わす方法。後二者は寄木のことです。

寄木《よせぎ》＝いろいろな種類の木を組み合わせて平面に貼り、それぞれの木の持つ色や木理《もくめ》の違いによる面白さを表現する方法です。

人形

堀　柳女作　衣裳人形「古鏡」
簡略な目鼻の描写からは穏やかさのなかにも高雅な趣きが偲ばれます

人形の起源は古く、かつては愛玩や鑑賞のため以上に、信仰やまじないの用具として人々の暮しのなかで重要な役割をはたしていました。これは日本のみならず、世界のどの民族についてもほぼ同様です。多くの儀式や祭礼が形骸化していったように、時代とともに人形に託された呪詛的な意味合いは薄れていきましたが、その長い歴史は、常に人間の生活の営みとの深い関わりのなかで築かれています。

土偶や**木偶**は、やがて、技術の粋を集めたさまざまな形態へ変貌をとげ、その衣裳にも、善美をつくした染めや織りの裂地が用いられるようになりました。

雛遊びの情景はすでに源氏物語にも描かれていますが、日本の人形がひととおりの発達と完成をみるのは、江戸時代にはいってからと言われています。長く続いた泰平の世は人形愛好の気風を育み、中期には雛祭も行事化されました。そして何よりもこの頃台頭した庶民階級という新たな勢力を背景に、人形はますます盛んに作られるようになったのです。

風俗、舞踊、演劇などあらゆるものが人形の姿に写され、時代や土地柄、受容者の趣味にあわせて種

平田郷陽作　衣裳人形「清泉」
わずかな捻りと崩した足の表情に、妙齢の女性の清々しい魅力が匂い立つようです。

堀　柳女作　衣裳人形「瀞《とろ》」
様式化された身躯の前で重ねた手の繊細さが、全体の印象を際立たせています。

類も増えました。**嵯峨人形**、**衣裳人形**、**御所人形**、**加茂人形**、**からくり人形**、**伏見人形**、**博多人形**などの呼称は、素材や様式、地域によって明治以降に類別されたものです。

江戸の高度な技術はその後も専門の人形師によって継承されていましたが、昭和に入る頃、アマチュアの間で人形創作熱が湧き起こりました。手遊びとして語るにはあまりある勢いは、専門家をも巻き込む大きな興奮となります。

「白沢会」や「五芸会」、「イルフトイス」、「どんたく社」など専門家・アマチュア別々の団体もありましたが、「童宝美術院」や「甲戌会」といった展覧会や研究会では両者の交流も進み、お互いの知識や技術、新しくとらわれない表現をもって刺激しあいました。やがてより広い範疇から題材が選ばれるとともに、近代的な意識が人形のうちにも見出されるようになります。この頃顕著となる詩的な作品名はその反映といえましょう。昭和十一年の改組第一回帝展に六名の人形作家が入選したことを契機に、人形は芸術的表現の一分野として広く認識されるようになりました。

鹿児島寿蔵作　紙塑人形「地久」
紙塑の柔らかさは巧みな技によって活き活きとした踊り手の所作へと生まれ変わります。

市橋とし子作　桐塑人形「風の音」
少し落とした視線、踏み出した足の動きに、微妙な心情の移ろいが浮かびあがります。

人形の本体作り

日本の伝統的な人形製作には、人形作家による一貫製作の創作人形と商業ベースによる分業作業の節句人形や手作りの郷土玩具的な人形があります。現在、伝統的な創作人形は、木彫および桐塑を素材とするものが主要ですので、この二種を中心に説明をします。

※木彫人形

郷土人形、嵯峨人形、衣裳人形等の高級な人形は、殆どが木彫で作られています。木肌をそのまま生かしたものには、桂、朴、柳などを用いた人形もありますが、胡粉を使って彩色したものは、用材としては殆んど桐を用いています。　桐材は、軽くて油気がなく、湿気を避け、一度乾燥すれば狂いがない性質のためです。

木彫人形は先ず、人形の姿の下図を作り、それに基づき粘土で原型を作ります。人形の木彫には一木造りと寄木造りがあり、粘土の原型はその後の木彫をどうするかの目安といえます。

寄木造りの場合は、頭部を彫り、次に胴体、手、足と彫りますが、手足は衣裳の厚み等を計算に入れて彫り、胴体とのバランスの調整が大切です。各部の接合は竹釘でしますが、接合部は和紙で補強の目張りもします。

木彫人形の制作

各部を接合した全体像

桐材と彫刻刀各種

各部は別々に彫刻され、竹釘で接合します。

※桐塑人形・胡桐塑人形

桐塑人形とは、桐塑を人形の形作り（モデリング）に使用した伝統的人形です。昨今の桐塑人形は、木芯桐塑人形と胡桐塑人形が主流を占めています。

桐塑は、桐の挽き粉を繋ぎとして、生麩と寒梅粉を煮てよく練り上げ、桐粉に混ぜ合せて粘土状にしたもので、人形本体の造形に用います。桐塑の可塑性を活かし、自由な造像法の細部の土台作りの素材としても使います。乾燥すると強度のある固形となります。

胡桐塑は、桐塑の強度と滑らかさを増すために、桐塑に胡粉を混ぜたものです。桐の挽粉と胡粉に数種の糊を竹ヘラで混ぜ合わせて作ります。

木芯桐塑人形は、人形の頭を桐塑で作り磨きあげます。芯は、桐の木を荒削りし、頭を付け人形全体のフォルムを作ります。その上に桐塑を付けて全体をモデリングします。その成形された人形本体を十分に乾燥させ磨き上げていきます。

胡桐塑人形は、芯の部分は桐の木を彫って人形のフォルムを作っていきます。胡桐塑を作り、木芯に肉付けをしていき、全体をモデリングして形を整えていきます。乾燥させた後、さらに彫り出しをして細部を整えていきます。

木芯桐塑人形の制作

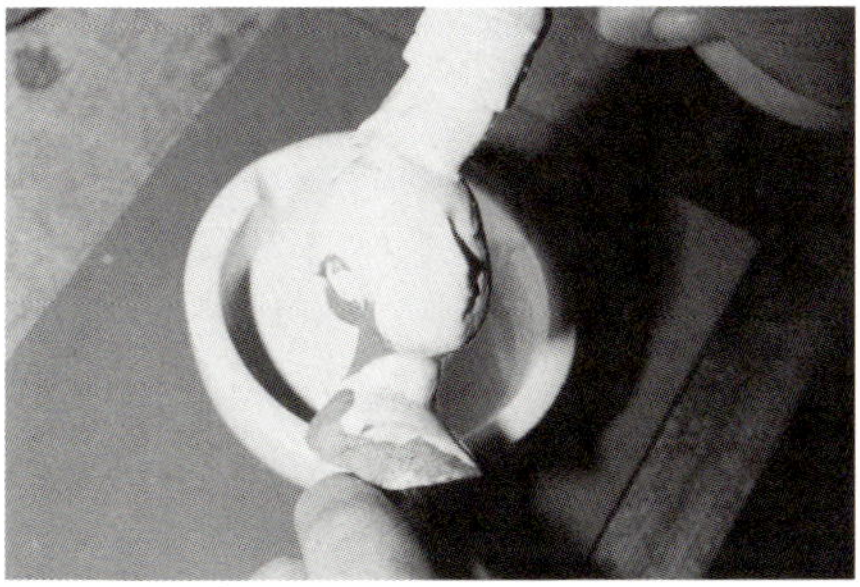
頭部の胡粉地塗り

桐塑本体の仕上げ

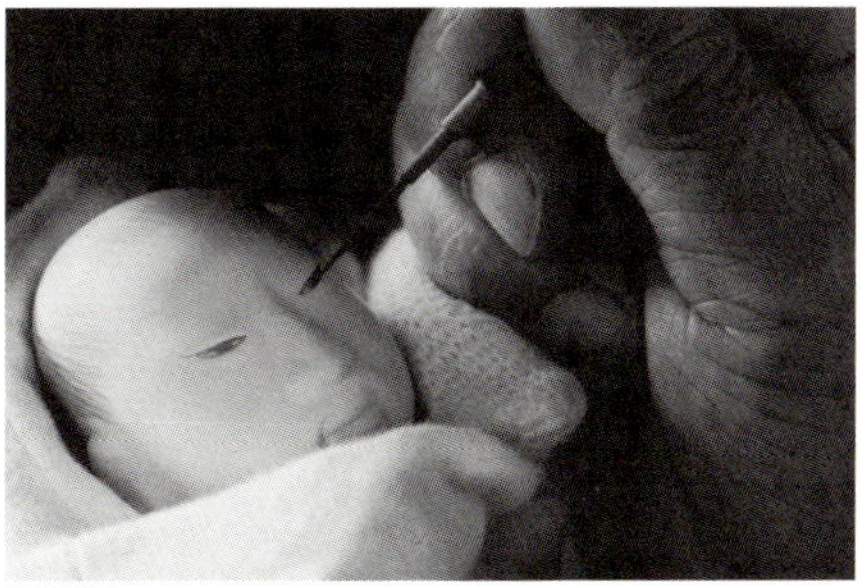
面相描き

頭部の胡粉置き上げ

【木彫《もくちょう》人形】

木彫人形には、嵯峨人形、御所人形、奈良人形、加茂人形等があり、全体または部分が一木または寄木の木彫で作られ、彩色をしたり、裂地の衣裳を付けたりして仕上げます。加茂人形は、木彫の上に各種の裂地を木目込むので、木目込人形の名によって知られています。

現代の衣裳(木彫)人形は、木彫によって素地を作り、露出している手足等に胡粉を塗り彩色仕上げをして、胴体には裂地を**着せつけ**、または**木目込《きめこ》み**によって着装させています。

木彫で精巧な本体を作る現代の創作人形では、着せつけと木目込みを併用したり、その他の素材を貼り込んだり、彩色を施したりして制作されています。

若衆、遊女、婦人等を主題として布裂地をもって制作される従来の衣裳人形の概念や制作法とはやや異なっていますが、名称としては衣裳人形と名付けています。

平田郷陽作　衣裳人形「愛趣楽」

堀 柳女作 衣裳人形「元宵観燈」

鑑賞のポイント

●**愛趣楽**＝単純化されたフォルムには、写実を追求した経験が裏付ける人体をつかみ取る眼の確かさが息づいています。若衆の突き出した手や踏込んだ足には木彫らしい力強さがみなぎっています。

●**元宵観燈**＝引き伸ばした体躯の表現は、凝った衣装とともにこの作家の特色を築いています。抑制の効いた所作や超然とした相貌によって、奇異よりもむしろ古格にさえ通ずるようです。

●**雪が舞う**＝芹川英子の人形には、木を彫り込んで生れる線的なシャープさがあります。しかし、硬直した感じは全くありません。降り初めた雪の一片を黒い帯で受ける仕草は流れるような美しさです。

※胡粉仕上げ

胡粉は貝殻を粉末状にしたもので、膠《にかわ》で溶いて塗ります。胡粉仕上げは、保存上も堅牢で美しくなります。接合部等は和紙で目張りをしてから地塗り用刷毛で地塗りをし、顔や手足の出っ張った部分には胡粉をのせる**置上げ**をします。その後、中塗りやむらとりをくりかえしてから上塗りをします。上塗り用の胡粉に顔料を加え、好みの色を調整し、上塗り用刷毛で塗り上げ、布でかるくこすり艶をだします。最後に、髪の毛、眼、眉、口などを彩色して仕上げます。

芹川英子作 木彫木目込人形「雪が舞う」

【桐塑《とうそ》（胡桐塑《ことうそ》）人形】

桐塑人形は、多量生産の型物の頭《かしら》つくりの伝統技法に用いられていた桐塑を、人形の形作り（モデリング）に活用した人形のことで、仕上げの手法は、胡粉仕上げ、布貼り、紙貼り等があります。また胡桐塑とは、桐塑に胡粉を混ぜてより強度と滑らかさを増したものをさします。

頭部・顔・手足等の人肌の部分は、胡粉（牡蠣の殻の粉末）で**置き上げ**をし、地塗り、中塗り等の塗りと磨きの作業を何回も繰り返し下地を整えます。仕上げには、上塗り胡粉（はまぐり貝の粉末）を塗り重ねます。そして、毛髪や目や眉を描き、最後に唇と頬に紅をさして仕上げます。

胴体部分は、布を木目込んだり、紙を貼ったり、彩色して仕上げます。現在、桐塑や胡桐塑を使う人形作りは、細部の表情が表現し易く、表現力の豊かさから創作人形の重要な分野を占め、多くの優れた作品が作られています。

市橋とし子作　桐塑人形「秋立つ」

野口園生作　桐塑人形「木の芽時」

秋山信子作　桐塑人形「潮音」

鑑賞のポイント

●**秋立つ**＝切り下げた髪の初々しい少女。身体を抱えるようにしながら、季節の移ろいに大人の女性へと成長する自分自身を重ね合せているのかもしれません。和紙の仕上げが素朴な味わいをもたらしています。

●**木の芽時**＝ひょいと上げた肩の表情は、田楽の焼き加減を見計らって手を出そうとする一瞬の動きをユーモラスに捉えたもの。野口園生は日常的な主題を巧みに扱う名手の一人です。

●**潮音**＝海辺の岩にでも腰掛けているのでしょうか。膝に重ねた手の表情、無造作な足の格好は、自然のなかで過ごす寛ぎのひとときをよく伝えています。わずかに首を傾けて耳を澄ますさりげない仕草。寄せかえる波の情景が眼に浮かぶようです。

林 駒夫作 木芯胡桐塑人形「乙御前」

前田金彌作 木芯桐塑人形「深山」

木芯胡桐塑人形の制作

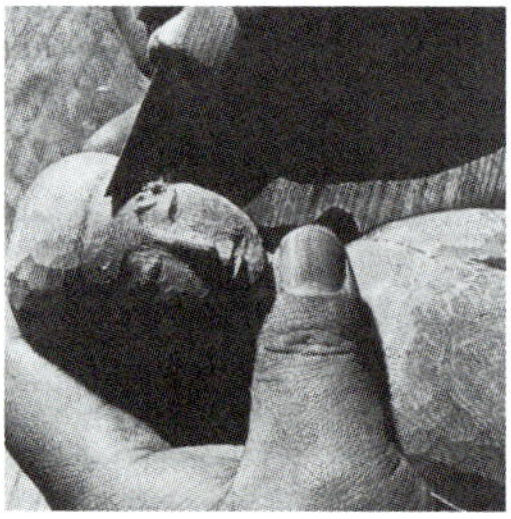

①木芯の細部を仕上げる

②竹ヘラで胡桐塑をのばす

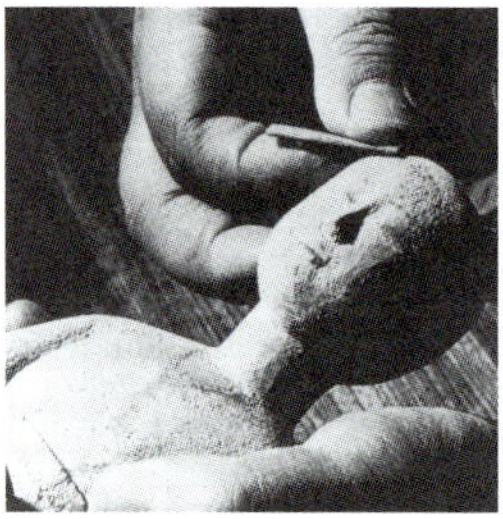

③乾燥した表面を磨く

④小刀でさらに、線を整える

鑑賞のポイント

●**深山**＝なだらかな肩の線から続く腕のライン。手のひらにのせてそっと差し出してみせているのはあけびです。木目込まれた秋山の色づきを思わせる着物、穏やかな顔にわずかな笑みを浮かべた婦人像は静寂そのものです。

●**乙御前**＝燃え立つような緋色の衣装。大袈裟な身振りこそありませんが、袖の中で折り曲げた腕、踏みしめる立ち姿に内面の高まりが滲み出るようです。切ない顔の表情や耳殻の繊細さは置上げによる仕事です。

【紙塑《しそ》人形】

紙塑人形は石膏の雌型を用いる型抜き法と、塑像のように肉付けして造像する方法があります。素材の紙塑は、和紙の原料の楮繊維に、木粉、胡粉、接着剤を臼に入れて長時間搗《つ》いたもので、粘土状の可塑剤として使われます。

麦藁細工の笛をもらって嬉々として舞をみせる「**大森みやげ**」の子供。踵を立てて突き出した足や、扇をもって背中にまわす手にいかにも嬉しい気分が溢れています。心持ちあげた顎やふっくりとした頬に紙塑独特の趣きがあります。

鹿児島寿蔵作 紙塑人形「大森みやげ」

【御所《ごしょ》人形】

御所人形は、かつて、京都の御所や公卿から大名へ贈り物の返礼として使われたところからその名を得ました。裸体と衣裳着との二種類がありますが、いづれも三頭身の童形を主題とし、胡粉塗の白肌には独特の美しさを宿しています。制作方法は木彫や乾漆のほかに、張子や陶胎に胡粉仕上げをしたものなど様々で、愛くるしい稚児の健やかさに吉祥の気分があふれています。

「**天の原**」は、なんといっても、その躍動的な造形が目を引きます。たくましく、健康的な姿態には脆弱さの微塵もありません。力強く駆ける童子からは伝統の領域に萌える現代の息吹が感じられます。

黒川和江作 張抜胡粉「天の原」

綿貫萌春作　張抜人形「夕立」

【張抜《はりぬき》人形】

犬張子、ダルマ、三春人形、文庫人形は紙の**張子**《はりこ》（**張抜**《はりぬき》）人形で、木彫の元型《もとがた》に和紙を貼り重ねて元型から抜き、彩色をして仕上げます。また、粘土の原型に石膏《せっこう》で母型をとり、その内側に和紙を貼り重ねて取り出し、桐塑・胡粉で細部を修整して、彩色や紙・布を貼り込んで仕上げる方法があり、現在の創作人形は、主にこの方法で作られます。

「**夕立**」の男の子の、みるからに丸々とした顔や姿態は、貼り重ねた和紙の飾り気のない魅力に満ちています。触感に訴える素朴な味わいに、反故《ほご》をも活かす先人の知恵が息づきます。

中村信喬作　陶胎人形「陵馬」

【陶胎《とうたい》人形】

有田焼や薩摩焼の陶磁製彩色の人形は良く知られています。陶土による塑像の自由さと釉薬の発色の妙をとらえたやきものの人形です。また、土を素焼きしたうえに、彩色を施す博多人形の技法を活用し、素焼の人体本体を彫り込んで彩色したり、紙・布を貼り込んで仕上げる陶胎の人形は、今までの人形にはない新鮮で独得の味わいを表現しています。

陶土の自由な可塑性が「**陵馬**」の自然なポーズを作っています。磁土とは違った温かさが、草原を馬に跨って行く青年の野趣味となって表れました。

その他の工芸

斎田梅亭作　截金菜花文小筥（部分）
作者の家系は、代々京都西本願寺の仏画の截金に当たる家柄でした。
作品では截金の特質を生かした新意匠が研究されています。

「その他の工芸」の特色は内容が多岐に及ぶことで、**七宝**《しっぽう》、**硝子**《がらす》、**砡**、**硯**《すずり》、**截**《きり》**金**《かね》、**象牙**《ぞうげ》、**和紙（屏風、墨流し）**、**木画**《もくが》等が含まれます。分野によっては古墳から出土したものや、正倉院宝物として今日に伝世されるものがあり、何れも長い歴史と伝統を有します。

七宝は、銀、銅などの素地（胎）にガラス質の釉薬を焼き付ける工芸技術で、六〜七世紀頃の奈良県明日香村牽牛子塚《けごしづか》古墳出土の金具などが最古の資料とされ、正倉院にも瑠璃鈿背十二稜鏡などが保存されています。宇治平等院鳳凰堂の金具や近世作の七宝等も有名で、江戸時代には名工・平田彦四郎道仁や尾張の梶常吉が我が国独自の技法・作品を残しました。明治時代には、ドイツ人ワグネルらにより釉薬製造工程に科学的な改良が加えられ、近代的な技法が誕生し**有線七宝**、**無線七宝**、**省胎七宝**などの技法が完成しました。

硝子には、型の中に吹き込み成形する方法と、型を使わない**宙吹き**の方法があります。加工技法に**切子**、**腐蝕**、**グラヴィール**等があり、中でも切子は、天保、嘉永年間頃の江戸切子、薩摩切子からの伝統技法として世に知られ、現在に受け継がれています。腐蝕硝子、グラヴィール、サンドブラストなどは、近代になって欧州から学んだ技法といってよいでしょう。

截金は正倉院宝物にも用例があり、主に仏画、仏像を長年にわたり荘厳・加飾してきた技法です。向こうが透けて見える位の極薄の金箔などを竹の刀で切断し、工芸品の表面に貼り付けて豪華に装飾することが可能です。藤原・鎌倉両時代の頃まで盛んに利用されましたが、室町の中頃から衰微し最

斎田梅亭作　截金菱華文飾筥
仏像や仏画を荘厳・加飾してきた截金技法で纏めた優美な作品です。優れた図案が窺えます。

早川義一作　有線七宝木の葉文花瓶
銀の胎に銀線を植線し長年の工夫、知識、技術に基づき透明釉に工夫を加えた格調高い彩りをもつ作品といえます。

近まで東西本願寺に伝承された工芸技術でした。現在では、細い截金の箔の特質を生かした精緻な幾何学模様や優美な曲線・直線模様が考案され、繊細で華麗な截金の世界が確立されています。

象牙に係わる工芸も実に多様です。奈良時代の華やかな紅、緑、紺色に染められた撥鏤尺や白牙・染牙等を象嵌した木画、刀子の鞘・柄などが正倉院に残されおり、その後も絢爛とした歴史が今日まで繰り広げられてきました。

砡材には硬砡と軟砡があり、中国宋代の「青白磁」などは得難い天然の美材・砡を理想としたものといわれています。我が国の古い例では、縄文時代の硬玉製大珠がよく知られており、瑪瑙、碧玉、水晶、琥珀などが玉飾り用の素材として利用されてきました。正倉院にも仏教関係の遺品を始め、装身具、楽器、鏡の装飾に用例が多数見受けられますが、平安時代以降は自然に衰微しています。但し、水晶細工などの仕事は、近世の「職人尽絵」などで知ることができます。明治時代に入ると、再び砡の工芸的な側面が高く評価され始め、各種の貴石が輸入加工されるなど、砡工芸は活気を呈しています。

中国では、紀元前の硯が墨と共に出土し、その後も泥土を焼成した陶硯や端渓石を用いた端渓硯が制作されました。我が国でも良質の原石が各地で発見されており、硯制作は千年以上の歴史を有し、山梨県の雨畑硯などは端渓硯に比肩し得る魅力を持つ硯です。硯石の天然美を生かした硯は、工芸的な魅力を存分に伝える文房具といえます。「その他の工芸」には、以上の他に、我が国を代表的する様々な伝統工芸が所属しています。

吉田文之作　撥鏤装身具「夜空の白鳥」
正倉院宝物の撥鏤尺の花喰鳥のように、復元した天平の技法によりロマンチックな白鳥の絵柄が一気に彫刻されています。

小林英夫作　被硝子菊籠目切子鉢
江戸切子には矢来、格子、魚々子、菊など代表的な文様があります。作品の新しいカット・意匠から伝統に挑戦する意欲が読み取れます。

【七宝《しっぽう》】

七宝といえば、文字どおり七種の宝玉、金・銀・瑠璃《るり》・玻璃《はり》・硨磲《しゃこ》・赤珠・瑪瑙《めのう》のことをいいます。その華やかなイメージを持つ工芸である七宝とは、金属の素地（主に金、銀、銅）にガラス質の釉薬をのせ、窯に入れて焼成したものです。

七宝の起源は、古代エジプトにまで溯ることができます。主にビザンティン帝国など中近東付近で大いに発展洗練され、中世西ヨーロッパの装飾工芸にも七宝の優品が多く見られます。中国・朝鮮を経て、奈良時代には我が国にも伝えられ、正倉院御物の中にも七宝の作品を見ることが出来ます。我が国では特に幕末から明治にかけて、尾張の梶常吉による新技術やドイツ人ワグネルの透明釉薬の開発などがあり、東京、京都、名古屋にて七宝技術は隆盛となりました。その精妙華麗な手技は、世界に誇り得る日本特有の工芸として評価されています。

七宝技法の主な種類を上げれば、**有線七宝・無線七宝・泥釉七宝・省胎七宝・透胎七宝・陶磁胎七宝**などがあります。近年急速に七宝が普及して身近なものとなって、様々な新しい工夫と創作が試みられるようになりました。彫金、金銀箔、窯変などといった最新の技法も盛んに使われ、多種多様な作品が制作されています。

素地と釉薬

素地には銅、丹銅、銀、金を使用しますが、一般的には主に銅が用いられます。銅の長所は不純物が少なく、加工性もあり、膨張係数の点でも釉薬と良く密着します。丹銅は銅に約10％の亜鉛を入れた合金で、銀は銀板で純銀を使用します。素地加工は打出し、ヘラ打出し等によって、全体の厚みを平均に加工します。金属素地の厚みは普通〇・五ミリ〜〇・七ミリ位のものがよく使われています。

釉薬の主原料は、硅石粉、鉛丹、アルカリ原料等で、クリスタルガラスに近いものです。透明度と屈折率の違いによる、透明色・半透明色・不透明色等があり、また、高融点の本七宝用、素地・素材によって銀用釉・銅用釉などに分けられます。

現在、釉薬は改良され、種類も豊富ですが、油絵のように色と色を混ぜ合せて使うことが原則的に不可能です。色数は数百色にものぼります。色彩が七宝の生命ともいえるでしょう。

植線

釉薬差し

❖七宝の主な技法❖

有線《ゆうせん》七宝＝中国の七宝の流れを汲む代表的な技法で、金属の細線で模様を表わし、これに釉薬を充填した緻密な技術表現です。釉薬のある部分を特に金属線より高く盛上げたものを盛上げ七宝といいます。

無線《むせん》七宝＝単純に素地に釉薬のみにて文様を加工装飾するものと、窯変する前に金属線を抜き取って無線とするものの二種類があります。後者は釉薬加工の中でも最高の技術が要求されます。

泥釉《でいゆう》七宝＝光沢のない不透明釉の七宝。釉薬改良後は、使われなくなりましたが、現在の乳色釉薬の祖といえるもので、渋味を出す作品にはふさわしい技法です。明治初期から中期に盛んに行われ、欧米にも大量に輸出されました。

透胎《とうたい》七宝＝不透明釉薬を使用する模様の一部を素地まで切り透かして、その部分だけに透明（半透明）の釉薬を充填し、ステンドグラスのように中を透かして光の透過効果をねらったものです。

省胎《しょうたい》七宝＝透明（半透明）釉薬の有線七宝を制作後、金属素地を硝酸にて溶解して取り除き、釉薬と有線のみを残す技法です。

柴田 明作 有線七宝花瓶

鑑賞のポイント

●**有線七宝花瓶**＝素地（胎）に文様通り銀線を植線し、その区画に釉薬を焼き付ける技法が有線七宝です。現代的な色調に工夫が凝らされています。

●**泥釉有線七宝花瓶「花暦」**＝花々のイメージが主題です。泥七宝特有の渋さと季節毎の小花模様との対比が面白く、洒落た作品に纏まっています。

吉村芙子作
泥釉有線七宝花瓶「花暦」

神田　亘作　透胎七宝鉢

鑑賞のポイント

●**透胎七宝鉢**＝色調の濃淡が制作意図にマッチしており、豊かな感性が表出しています。制約の多い透胎七宝技法で、波としぶきを表現した秀作です。

●**省胎七宝茶碗「残光」**＝有線七宝の素地を溶かしガラス質の部分を残した作品です。七宝に亀裂が入り易いので、透明釉薬調製には慎重な計算が求められます。

加藤耕三作　省胎七宝茶碗「残光」

【ガラス】

ガラスの魅力は何といっても、その透明の美しさや脆さ、扱いやすい軽やかさにあります。正倉院に現存する西域渡来の白瑠璃瓶等の御物を始めとして、奈良時代の仏像に用いられた吹玉や、遺跡から出土するガラス壁の残片やトンボ玉等を見れば、ガラスが古代の人々にいかに珍重されていたかが良く分かります。

わが国では、江戸時代末から明治の始めにかけて、本格的なガラス製造技術と各種の加飾の技法を多くヨーロッパから学び、産業としての基盤も工芸品としての地位も近代になって確立したと言えます。ガラスは原料の珪石《けいせき》に石灰やソーダ等の媒剤を加え、一〇〇〇度以上の窯で溶解し、着色する場合は各種の金属酸化剤を添加して作られます。ガラス工芸は、その製作技法の中で、成形方法と加飾法に大別され、様々な作品が作られています。

❖成形法❖

宙吹き＝型を一切使わないで、吹竿の先に少量のガラス種を捲きとり、窯で熱して軟らかくしながら息を吹き込んで球状にふくらまし、金ばしや他の補助道具だけで成形します。

型吹き＝型の中に吹竿でガラス種を吹きこんで成形する方法。型には石型、粘土型、木型、金型があります。現在は木型か金型が主流となっています。

パート・ド・ヴェール＝ガラスを粉末にして特殊な糊材で貼ったものを型の中に詰めて雌雄型を合せ、型のまま焼成すると、ガラスが融解して型通りのガラス器ができます。

❖加飾法❖

カット（切子）＝固定したグラインダーのように回転している機械に素材を移動させて彫る方法で、荒ずり、砥石かけ、磨きの各工程を経てできあがります。模様は直線と曲線と限定された円にかぎられています。代表的なものに江戸切子、薩摩《さつま》切子があります。

グラヴィール＝昭和の初期頃から行われています。各種の小さな銅板を回転させ、研磨剤を筆でつけながら模様を彫り上げる技法です。

サンドブラスト＝金剛砂を圧搾《さく》空気と混合し、ガラス生地面に吹き付け、模様をすりガラス状に彫刻する方法をいいます。

エッチングガラス（腐蝕ガラス）＝フッ化水素酸がガラス質を溶かすという化学的性質を応用して、ガラス素地面に彫刻を施す技法です。エミール・ガレ、ドーム等、アール・ヌーボーの高名作家の作品もこの技法で作られています。

鑑賞のポイント　●**十六菊繫紋花瓶「燦」**＝透明度の高いクリスタルに細かな切子を連続させ、煌めく光線の屈折とリズム効果を狙い躍動感溢れる世界を現出させています。●**金赤被硝子椿文蓋物**＝無色硝子に金で発色させた紅色硝子を被せて造形後、グラヴィール法で加工し椿文を表現した精巧な蓋物です。●**宙吹青内被硝子花器「青に飛」**＝型を使わず

白幡 明作　十六菊繫紋花瓶「燦」

青野武市作　金赤被硝子椿文蓋物

空気を吹き込み成形した作品です。青硝子に無色のクリスタル硝子を巻き付け、波のイメージを簡潔に表現しています。●**グラヴィール花器「渓流のいざない」**＝回転する銅製の円盤と研磨材で素地を研削するグラヴィール技法を効果的に用い、豊かな詩情を立体的に構想した優品です。

山口浩二作　宙吹青内被硝子花器「青に飛」

松浦松夫作　グラヴィール花器「渓流のいざない」

【截金《きりかね》】

截金は、平安朝以来の長い伝統を持つ技術で、主に仏画や仏像の彩色の上に施されたものです。一ミクロン（千分の一ミリ）以下の厚みに打ち延ばされた金銀の箔を、極細の線や、矩形、短冊形、円形等に切り、接着剤で貼り付けて模様を表わします。

息を吹きかけただけで皺がよったり、ちぎれてしまうほど薄い金箔を、鹿皮の台の上で、竹のピンセットと竹の刀を使いながら、自在の文様に切断して、両手を同時に使って貼り付けていきます。少しでも呼吸が乱れれば、箔は空中に飛び散ってしまいます。非常に手のかかるむつかしい技法といえます。

金銀泥で描いたものではなく、平面にはられたものですから、長い年月を経ても光沢を失わず、味わいのあるさっぱりとした独特の美しさが保てます。

鑑賞のポイント

●**截金彩色木彫合子「華鳥」**＝木彫造形を基本に現代的な感覚を追求しています。作者の截金は、東西本願寺に伝わる仕事とは異なり、古典から学び復元したものです。

西出大三作　截金彩色木彫合子「華鳥」

【象牙《ぞうげ》】

象牙には人類と同じ位古い歴史があり、適度の硬さと粘りと光沢があり、古来より優れた彫刻材として多く用いられてきました。わが国ではやはり、紅牙撥鏤尺等の正倉院御物、江戸期の根付、明治期の象牙彫刻等が代表的なものとしてあげられます。

撥鏤は、中国唐代に行われた彫刻技法の一つですが、赤、緑、青等に染められた象牙に毛彫りで文様を描きます。染色は象牙の内部まで滲みてはいないので、彫り刻んだ所だけ白く表われます。この染色方法は未だに謎に包まれていますが、近似の技法は明治末には復元されています。

近年は、野生動物の保護を謳ったワシントン条約等の制約で、象牙の入手が困難になってきています。

吉田文之作　撥鏤装身具

鑑賞のポイント

●**撥鏤装身具**＝植物染料で煮染めした象牙に鋭い撥ね彫りを施しています。

●**染牙香合「鶺鴒」**＝天然の象牙を用い適当な硬さや緻密な材質、柔和な光沢を生かした香合です。典雅な造形に見るべきものがあります。

中村雅明作　染牙香合「鶺鴒」

【砡《ぎょく》】

東洋における砡加工(貴石彫刻)の歴史は古く、紀元前中国の周時代の祭器に始まり、連綿と今日に続いています。又、日本でも上代以来、正倉院の宝物には砡類が多く、出雲地方など、瑪瑙や水晶、碧玉などの原石を産出する地方へと砡加工の技術が伝えられていましたが、鎌倉時代に至り、技術も途絶えてしまいました。江戸も末期に山梨県の金峯山麓で水晶原石が発見されたのが契機となって、砡の手磨き技術が根付きました。その後、工具等の改良発展が進み、貴石原石を世界から輸入し、飛躍的に加工技術は進歩しました。現在、貴石彫刻としては、甲府を中心として、名実ともに世界第一の生産を示しています。彫刻に用いられる原石は、翡翠、瑪瑙、白水晶、紅水晶、グリーンコーツ(アペチュリン)、紫石英、虎眼石、ラピスラズリ、ソーダライト、孔雀石等が広く用いられています。まず原石を選びデザインを決め下絵を描きます。研磨剤(カーボランダム)を使い、下絵に従って櫛の歯形に切り込み、その部分を小槌で欠きながら成形をします。回転する研磨機の先にコマという鉄の円形工具を取り付けて、研磨剤を粗いものから細いものに代えながら次第に細密な加工をしていき、最後に木のコマを使い酸化クロムを付けて磨き仕上げます。

宅間正一作　孔雀石盛器「潭」

鑑賞のポイント

●**孔雀石盛器「潭」**＝鮮緑色の孔雀石の目に注意しながら、構想通りの奥深い景色が削り出されています。砡特有の涼しげな雰囲気が楽しめる盛器です。

●**瑪瑙器**＝回転する鉄盤に研磨剤を絡ませて削り込み、原石の天然の斑を巧みに生かしたおおらかな作です。瑪瑙は水晶などと同質の石英質の石です。

宅間　裕作　瑪瑙器

【硯《すずり》】

わが国における硯は中国文明の伝来とともに移入されたもので、五世紀頃には須恵器などと共に焼かれ、多くの出土品が残っています。和硯の発展は中世（鎌倉・室町）以降で、近世文運の隆盛とともに硯の需要も増大し、現在各地に産出される石も、ほぼこの時期に開発されたものです。

硯の石は、粘板岩、輝緑凝灰岩などですが、加工はほとんど手作業です。まず、原石を鏨《たがね》等で平らにし、電動鋸《のこぎり》で大まかに成形。超硬タンガロイの刃のついた木の柄の鑿《のみ》を肩先に当てて、全身で彫り削ります。荒目、細目の砥石で磨き上げた後、ロウあるいは漆等を塗布して、極く薄い被膜で仕上げられます。形には方形、円形などや自然の形をそのまま生かした形、文様やデザインに工夫を凝らしたものなどが有ります。

代表的な産地としては、赤間石（山口県下関）、雨畑石（山梨県鰍沢町）、鳳来寺石（愛知県鳳来町）、紫雲石（岩手県）、虎斑石（滋賀県）、石王寺石（京都府）、那智石（三重県）等があります。

鑑賞のポイント

●**猿面硯**＝原石である雨畑石の材質を究めながら、無機質な石材に穏やかで現代的な造形感覚を反映させた優品として高く評価される作品です。

●**無陵硯**＝奥三河の鳳鳴石を原石にして、暖かい感触が表現されています。中国産の珍重される硯材選びでは硬い石材が第一です。

雨宮弥兵衛作　猿面硯

名倉利幸作　無陵硯

【その他の工芸の用語】

アール・ヌーボー＝二〇世紀初頭を中心にフランス、ベルギー等で起こった美術様式で、伝統離脱を唱え動植物の曲線・曲面を意匠に多用します。

金、銀箔＝金、銀を槌で叩き延ばし薄紙状にしたもので、仏像の荘厳、屏風絵、障子絵、日本画、工芸品の装飾に用いられる素材です。

孔雀石＝炭酸銅・水酸化銅から成る鉱物で、孔雀の羽を想起させるところがあり、古来より、装飾石、顔料として用います。

クリスタルガラス＝原料に含まれる鉄分を除去し、ガラスの透明度を高くした気泡などの少ないガラスのことです。

硨磲《しゃこ》＝古来より仏教で言う七宝の一種で、台湾・沖縄近海に生息する二枚貝のこと。装飾用の素材として珍重されてきました。

墨流し＝水面に落とした墨汁を少量の油に反応させ、流動的な模様を作り紙面に定着させる伝統技法です。

正倉院御物（**七宝**）＝古代の七宝作品は少ないのですが、正倉院の十二稜鏡は本体が銀製で、鏡背は華麗な七宝釉で加飾されています。

正倉院御物（**象牙**）＝正倉院には、象牙の表面を染めた後、彫刻刀で紋様を薄く彫り下げた紅牙、緑牙、紺牙の撥鏤尺が伝世しています。

中国産硯材＝中国では、最古の研墨石を始め、隋・唐代の泥土の用例や中唐以来の端渓石、唐末・五代の歙州石《きゅうじょうせき》など良質の硯材があり、我が国でも貴重視されます。

陶磁胎七宝＝七宝の素地（胎）は一般に金属ですが、時には素地に陶磁器を用いる場合があります。

根付《ねつけ》＝江戸時代に印籠や煙草入れの紐の根に取り付ける部品のこと。人物、動植物、器物様の小さな彫刻作品が用いられました。

白瑠璃＝二酸化珪素を主成分とする薄い色を帯びた硝子のことで、正倉院に保存される紺瑠璃、緑瑠璃と共に知られる硝子素地です。

仏画＝壁画、絹本・紙本に及ぶ仏教に関連する仏教絵画の略称のことです。

木画＝奈良時代に流行した木象嵌、寄木細工のことで、木工品の素地に絵画的な図柄や幾何学的な模様を表現する技法です。

ワシントン条約＝「絶滅のおそれのある野生動植物の種の国際取引に関する条約」の通称です。象牙の国際取引を禁止し、一九七三年ワシントンで採択されました。

作品目録（掲載順）

●陶芸

金重陶陽　備前耳付水指……東京国立近代美術館　10
富本憲吉　色絵金銀彩四弁花飾皿……東京国立近代美術館　10
石黒宗麿　黒釉褐斑鳥文壺……東京国立近代美術館　11
加藤土師萌　萌葱金襴手丸筥……東京国立近代美術館　11
中里無庵　黄唐津叩き壺……東京国立近代美術館　12
三輪休和　萩茶碗……東京国立近代美術館　12
藤原啓　備前筒形花生……京都国立近代美術館　13
浜田庄司　飴釉十字掛大鉢……文化庁　13
荒川豊蔵　志野茶碗……東京国立近代美術館　14
江崎一生　灰釉花器……東京国立近代美術館　14
清水卯一　柿地黒線文鉢……東京国立近代美術館　15
奥川忠右衛門　白磁牡丹唐草文大鉢……東京国立近代美術館　15
藤原雄　備前大徳利……京都国立近代美術館　16
鈴木蔵　志野象嵌花器……東京国立近代美術館　18
松井康成　練上華文大壺……文化庁　18
田村耕一　鉄絵葡萄文大壺……東京国立近代美術館　19
近藤悠三　染付柘榴文壺……東京国立近代美術館　19
鈴木蔵　志野茶盌……文化庁　20
荒川豊蔵　瀬戸黒茶碗……東京国立近代美術館　20
三輪休雪　鬼萩割高台茶碗……　21
清水卯一　鉄耀扁壺……文化庁　21
原清　均窯鉢……東京国立近代美術館　22
井上萬二　青白磁彫文鉢……文化庁　22
三浦小平二　青磁輪花鉢……文化庁　23
塚本快示　青白磁大皿……文化庁　23
富本憲吉　赤地金銀彩羊歯文飾壺……奈良県立美術館　24
藤本能道　色絵銀彩合歓双雀図筥……文化庁　24
加藤土師萌　色絵金彩菊文水指……東京国立近代美術館　25
今泉今右衛門　色鍋島薄墨草花文鉢……東京国立近代美術館　25
徳田八十吉　燿彩壺……　26
加藤卓男　三彩鉢「蒼容」……東京国立近代美術館　26
十二代今泉今右衛門　色鍋島緑地更紗文八角大皿……東京国立近代美術館　27
十三代酒井田柿右衛門　色絵草花文大鉢……東京国立近代美術館　27
金重陶陽　備前大鉢……東京国立近代美術館　28
山本陶秀　肩衝茶入……東京国立近代美術館　29
山田常山　梨皮紫泥茶注……文化庁　29

●染織

清水幸太郎　紗綾地蛤文浴衣……文化庁　31
喜多川平朗　羅……東京国立近代美術館　31
鈴木苧紡庵　越後上布経入菊華文着物……東京国立近代美術館　32
喜多川平朗　紅地鳥蝶唐花文錦……東京国立近代美術館　32
木村雨山　友禅訪問着「群」……東京国立近代美術館　33

中村勝馬　友禅訪問着「縢」……東京国立近代美術館　33
森口華弘　友禅訪問着「梅林」……東京国立近代美術館　36
山田　貢　友禅着物「夕凪」……東京国立近代美術館　36
羽田登喜男　友禅着物「白夜」……京都国立近代美術館　37
田島比呂子　友禅訪問着「入江」……文化庁　37
松原定吉　長板中形浴衣 変縞……文化庁　38
小宮康孝　江戸小紋着物 十絣……東京国立近代美術館　38
鎌倉芳太郎　紅型竹文麻地夏長着……東京国立近代美術館　38
鈴田照次　型染着物「松」……東京国立近代美術館　39
小山保家　木版染訪問着「山」……東京国立近代美術館　39
玉那覇有公　苧麻でいごに蝶文紅型帷子……東京国立近代美術館　39
小倉建亮　絞染訪問着「暖流」……東京国立近代美術館　40
福田喜重　刺繍訪問着「生々去来」……文化庁　41
北村武資　羅地金襴丸帯……46
細見華岳　綴帯「友愛」……文化庁　46
古賀フミ　佐賀錦菱襷文帯「琉璃光」……47
小川善三郎　献上博多帯……東京国立近代美術館　47
甲田栄佑　精好仙台平「妙曲」……東京国立近代美術館　47
宗廣力三　紬織着物 朱赤丸文格子……文化庁　48
宮平初子　首里花織手巾着物……48
与那嶺貞　読谷山花織着尺……49
志村ふくみ　紬織着物「鈴虫」……東京国立近代美術館　49
本場結城紬技術保持会
平結城蚊絣立亀甲単衣……東京国立近代美術館　50
重要無形文化財久留米絣技術保持者会
久留米絣白中柄単衣 菱つなぎ文……東京国立近代美術館　50
平良敏子　芭蕉布田舟花合わせ模様着尺……東京国立近代美術館　50
宮古上布保持団体
宮古上布着尺 大柄……文化庁　50
深見重助　縹地唐組平緒……式年遷宮記念神宮美術館　51
深見重助　唐組紫綾続平緒……東京国立近代美術館　51

●漆芸

松田権六　赤とんぼ螺鈿蒔絵飾箱……京都国立近代美術館　53
磯井如真　蒟醤草花文八角食籠……東京国立近代美術館　54
音丸耕堂　彫漆布袋葵文手箱……文化庁　54
松田権六　蒔絵槇に四十雀模様二段卓……東京国立近代美術館　55
赤地友哉　曲輪造彩漆盛器……東京国立近代美術館　55
塩多慶四郎　乾漆稜線文合子……文化庁　58
奥出寿泉　乾漆香盆……東京国立近代美術館　58
大場松魚　金銀平文輪彩箱……文化庁　59
赤地友哉　曲輪造彩漆鉢……東京国立近代美術館　60
松田権六　華文網代盆……東京国立近代美術館　60
寺井直次　金胎蒔絵水指「春」……東京国立近代美術館　60
増村益城　乾漆花蓋物……東京国立近代美術館　60
増村益城　乾漆朱輪花盤……文化庁　61
松田権六　鴛鴦蒔絵棗……62
小森邦衛　網代縞文重箱……文化庁　62
中野孝一　蒔絵やぶてまり箱……石川県立美術館　62
松田権六　鷺蒔絵飾箱……東京国立近代美術館　64

田口善国 水鏡蒔絵水指……64
大場松魚 金銀平文鶴文箱……東京国立近代美術館 65
前大峰 沈金芒絵飾箱……東京国立近代美術館 66
太田儔 籃胎蒟醤茶箱「春風」……文化庁 67
磯井正美 蒟醤箱「山上薦」……67
音丸耕堂 彫漆延齢草水指……京都国立近代美術館 68
北村昭斎 華文玳瑁螺鈿飾箱……文化庁 69
磯井正美 存清石甃箱……文化庁 69

●金工

鹿島一谷 銀地布目象嵌秋の譜水指……東京国立近代美術館 71
魚住為楽 砂張銅鑼……石川県立美術館 72
香取正彦 朧銀連珠文花瓶……千葉県立美術館 72
長野垤志 はじきはだ田口釜……東京国立近代美術館 73
増田三男 金彩独活花文水指……73
高村豊周 鋳銅花器「鼎」……東京国立近代美術館 78
香取正彦 鋳銅潤和盤……京都国立近代美術館 78
佐々木象堂 蝋型鋳銅置物 采花……東京国立近代美術館 79
角谷一圭 馬ノ図真形釜……文化庁 79
田中鉄邦 鍛四分一銀盤……京都国立近代美術館 82
奥山峰石 銀打込象嵌花器「若芽」……文化庁 82
関谷四郎 赤銅銀接合皿……東京国立近代美術館 83
井尾敏雄 鍛鉄置物「鶉」……東京国立近代美術館 83
金森映井智 鋳銅象嵌六方花器……石川県立美術館 86
内藤四郎 銀細線文筥……東京国立近代美術館 86
鹿島一谷 布目象嵌露草文銀四分一接合水指……東京国立近代美術館 87
鹿島一谷 朧銀柳汀文花器……文化庁 87

●木竹

氷見晃堂 線象嵌平卓……東京国立近代美術館 89
飯塚小玕斎 松葉編白錆花籃「白龍」……文化庁 89
氷見晃堂 大般若理趣分経之箱……石川県立美術館 90
黒田辰秋 栃杢拭漆手箱……東京国立近代美術館 90
生野祥雲斎 無双編竹盛器……東京国立近代美術館 91
飯塚小玕斎 竹刺編菱文提盤……文化庁 91
大野昭和斎 桑葡萄杢八稜箱……文化庁 95
須田桑翠 槐座右棚……東京国立近代美術館 95
大坂弘道 宝相華嵌荘花形香座……96
中臺瑞真 輪花盛器……東京国立近代美術館 96
水上荘詠 欅拭漆蓋物と木皿……東京国立近代美術館 97
川北良造 神代欅盛器……文化庁 97
秋山逸生 輪華文縞黒檀印箱……文化庁 98
飯塚琅玕斎 花籃「あんこう」……東京国立近代美術館 102
飯塚小玕斎 東編菊花文提盤……102
二代前田竹房斎 印葉花籃……東京国立近代美術館 103
生野祥雲斎 怒涛……東京国立近代美術館 103

●人形

堀柳女 衣裳人形「古鏡」……東京国立近代美術館 105
堀柳女 衣裳人形「瀞」……東京国立近代美術館 106

平田郷陽　衣裳人形「清泉」……東京国立近代美術館　106
市橋とし子　桐塑人形「風の音」……文化庁……107
鹿児島寿蔵　紙塑人形「地久」……東京国立近代美術館　107
平田郷陽　衣裳人形「愛趣楽」……110
堀柳女　衣裳人形「元宵観燈」……東京国立近代美術館　111
芹川英子　木彫彩色人形「雪が舞う」……111
市橋とし子　桐塑人形「秋立つ」……112
野口園生　衣裳人形「木の芽時」……文化庁……113
秋山信子　桐塑人形「潮音」……113
前田金彌　木芯桐塑人形「深山」……114
林駒夫　木芯胡桐塑人形「乙御前」……114
黒川和江　張抜胡粉「天の原」……115
鹿児島寿蔵　紙塑人形「大森みやげ」……東京国立近代美術館　115
綿貫萌春　張抜人形「夕立」……東京国立近代美術館　116
中村信喬　陶胎人形「陵馬」……116

●その他の工芸

斎田梅亭　截金菜花文小筥……東京国立近代美術館　117
早川義一　有線七宝木の葉文花瓶……118
斎田梅亭　截金菱華文飾筥……文化庁……118
吉田文之　撥鏤装身具「夜空の白鳥」……119
小林英夫　被硝子菊籠目切子鉢……119
柴田明　有線七宝花瓶……121
吉村芙子　泥釉有線七宝花瓶「花暦」……122
神田亘　透胎七宝鉢……122
加藤耕三　省胎七宝茶碗「残光」……122
白幡明　十六菊繋紋花瓶「燦」……124
青野武市　金赤被硝子椿文蓋物……124
山口浩二　宙吹青内被硝子花器「青に飛」……125
松浦松夫　グラヴィール花器「渓流のいざない」……125
西出大三　截金彩色木彫合子「華鳥」……石川県立美術館……126
吉田文之　撥鏤装身具……127
中村雅明　染牙香合「鶺鴒」……127
宅間正一　孔雀石盛器「潭」……128
宅間裕　瑪瑙器……128
雨宮弥兵衛　猿面硯……129
名倉利幸　無陵硯……文化庁……129

本書の図版及び資料写真等につきましては、左記の方々にご協力頂きました。

〔**写真提供**〕
文化庁・東京国立近代美術館・京都国立近代美術館・奈良県立美術館・石川県立美術館・千葉県立美術館・式年遷宮記念神宮美術館・大塚巧藝社・便利堂・安藤七宝店・熨斗 均・宮平初子・大堀一彦・田中学而

〔**協力**〕
原 清・根来茂昌・鹿島和生・藤沼 昇・前田金彌・林 駒夫

真綿〈まわた〉 （染織） 52

み
三浦絞〈みうらしぼり〉 （染織） 40
水指〈みずさし〉 （陶芸） 30
宮古上布〈みやこじょうふ〉 （染織） 50

む
無地織物〈むじおりもの〉 （染織） 46
無線七宝〈むせんしっぽう〉 （その他） 120 121
無線友禅〈むせんゆうぜん〉 （染織） 37
無名異〈むみょうい〉 （陶芸） 23
無釉焼締め〈むゆうやきしめ〉 （陶芸） 12

め
名物裂〈めいぶつぎれ〉 （染織） 52
目染〈めぞめ〉 （染織） 40
雌竹〈めだけ〉 （木竹） 100
目貫打ち出し〈めぬきうちだし〉 （金工） 85
瑪瑙〈めのう〉 （その他） 128
目結い〈めゆい〉 （染織） 40

も
孟宗竹〈もうそうちく〉 （木竹） 100
萌葱〈もえぎ〉 （陶芸） 11
杢〈もく〉 （木竹） 92
木画〈もくが〉 （木竹） 92 104
百草土〈もぐさつち〉 （陶芸） 15
木芯胡桐塑人形〈もくしんことうそにんぎょう〉 （人形） 114
木芯桐塑人形〈もくしんとうそにんぎょう〉 （人形） 109
木象嵌〈もくぞうがん〉 （木竹） 92 98
木胎〈もくたい〉 （漆芸） 60
木彫人形〈もくちょうにんぎょう〉 （人形） 108 110
木版染〈もくはんぞめ〉 （染織） 39
杢目金〈もくめがね〉 （金工） 88
杢目絞〈もくめしぼり〉 （染織） 40
綟り織〈もじりおり〉 （染織） 45
糯糊〈もちのり〉 （染織） 36
紋織〈もんおり〉 （染織） 46
紋経〈もんだて〉 （染織） 46
紋緯〈もんぬき〉 （染織） 46

や
八重山上布〈やえやまじょうふ〉 （染織） 50
焼鈍〈やきなまし〉 （金工） 81
冶金〈やきん〉 （金工） 75
矢筈釜〈やはずがま〉 （金工） 79
野郎蓋〈やろうぶた〉 （漆芸） 70

ゆ
結城紬〈ゆうきつむぎ〉 （染織） 50
友禅〈ゆうぜん〉 （染織） 36
有線七宝〈ゆうせんしっぽう〉 （その他） 120 121
釉薬〈ゆうやく〉 （陶芸） 20
釉裏金彩〈ゆうりきんさい〉 （陶芸） 27
釉裏紅〈ゆうりこう〉 （陶芸） 19 22
雪晒し〈ゆきさらし〉 （染織） 32
読谷山花織〈ゆんたんざはなうい〉 （染織） 49

よ
楊子糊〈ようじのり〉 （染織） 36
窯変〈ようへん〉 （陶芸） 10
寄木〈よせぎ〉 （木竹） 104

ら
羅〈ら〉 （染織） 34 47
螺鈿〈らでん〉 （漆芸） 62 69
籃胎〈らんたい〉 （漆芸） 61

り
輪花〈りんか〉 （陶芸） 18

ろ
呂色仕上げ〈ろいろしあげ〉 （漆芸） 59
呂色磨き〈ろいろみがき〉 （漆芸） 70
蝋型〈ろうがた〉 （金工） 77
朧銀〈ろうぎん〉 （金工） 75
鑞付け〈ろうづけ〉 （金工） 74
ろくろ成形〈ろくろせいけい〉 （陶芸） 7

わ
ワシントン条約 （その他） 127 130
和銑〈わずく〉 （金工） 88
渡し繍〈わたしぬい〉 （染織） 41
割高台〈わりこうだい〉 （陶芸） 18
割繍〈わりぬい〉 （染織） 41

ね

根付〈ねつけ〉 (その他) 130
練上手〈ねりあげで〉 (陶芸) 18
練り込み〈ねりこみ〉 (陶芸) 18

の

熨斗目〈のしめ〉 (染織) 48
登窯〈のぼりがま〉 (陶芸) 28
糊置〈のりおき〉 (染織) 35
糊筒〈のりづつ〉 (染織) 43

は

パート・ド・ヴェール (その他) 123
坏土〈はいど〉 (陶芸) 17
博多人形〈はかたにんぎょう〉 (人形) 107 116
萩〈はぎ〉 (陶芸) 14
接合せ〈はぎあわせ〉 (金工) 88
矧合〈はぎあわせ〉 (木竹) 94
箔絵〈はくえ〉 (漆芸) 62
白磁〈はくじ〉 (陶芸) 22
白銅〈はくどう〉 (金工) 75
白瑠璃〈はくるり〉 (その他) 130
刷毛目〈はけめ〉 (陶芸) 18
芭蕉〈ばしょう〉 (染織) 34
芭蕉布〈ばしょうふ〉 (染織) 50
埴汁〈はじる〉 (金工) 76
刃鏨〈はたがね〉 (金工) 85
淡竹〈はちく〉 (木竹) 100
撥鏤〈ばちる〉 (その他) 127
張子人形〈はりこにんぎょう〉 (人形) 116
張り出し〈はりだし〉 (金工) 81
張手〈はりて〉 (染織) 43
張抜〈はりぬき〉 (漆芸) (人形) 61 116
張抜人形〈はりぬきにんぎょう〉 (人形) 116
板金〈ばんきん〉 (金工) 74
万古〈ばんこ〉 (陶芸) 14

ひ

杼〈ひ〉 (染織) 44 52
引き染〈ひきぞめ〉 (染織) 38 52
引出し黒〈ひきだしぐろ〉 (陶芸) 22
引彫〈ひきぼり〉 (染織) 42
挽物〈ひきもの〉 (木竹) 92 97
備前〈びぜん〉 (陶芸) 10 15
緋襷〈ひだすき〉 (陶芸) 28 30
引掻き〈ひっかき〉 (漆芸) 70
匹田絞〈ひったしぼり〉 (染織) 40
紐作り〈ひもづくり〉 (陶芸) 17
平文〈ひょうもん〉 (漆芸) 62 65
平緒〈ひらお〉 (染織) 51
平織〈ひらおり〉 (染織) 45
平象嵌〈ひらぞうがん〉 (金工) 84 85
平繍〈ひらぬい〉 (染織) 41
平縫絞〈ひらぬいしぼり〉 (染織) 40
平蒔絵〈ひらまきえ〉 (漆芸) 63
平割り〈ひらわり〉 (木竹) 99
紅型〈びんがた〉 (染織) 38

ふ

拭漆〈ふきうるし〉 (漆芸) (木竹) 58 104
吹分〈ふきわけ〉 (金工) 88
賦彩〈ふさい〉 (染織) 37
富士釜〈ふじがま〉 (金工) 79
伏見人形〈ふしみにんぎょう〉 (人形) 107
腐蝕ガラス〈ふしょくがらす〉 (その他) 123
熏〈ふすべ〉 (染織) 38
伏糊〈ふせのり〉 (染織) 43
葡萄杢〈ぶどうもく〉 (木竹) 92

へ

平脱〈へいだつ〉 (漆芸) 65
編組〈へんそ〉 (木竹) 99 101 104

ほ

砲金〈ほうきん〉 (金工) 75
帽子絞〈ぼうししぼり〉 (染織) 40
棒染〈ぼうぞめ〉 (染織) 40
枘組〈ほぞぐみ〉 (木竹) 94
細割り〈ほそわり〉 (木竹) 99
彫り崩し〈ほりくずし〉 (金工) 84
彫物〈ほりもの〉 (木竹) 98
本堅地〈ほんかたじ〉 (漆芸) 59
本友禅〈ほんゆうぜん〉 (染織) 36

ま

蒔絵〈まきえ〉 (漆芸) 62 63
蒔地〈まきじ〉 (漆芸) 70
蒔糊〈まきのり〉 (染織) 37
曲物〈まげもの〉 (木竹) 92
曲輪〈まげわ〉 (漆芸) (木竹) 60 98
柾目取り〈まさめどり〉 (木竹) 92
柾目割り〈まさめわり〉 (木竹) 99 104
益子〈ましこ〉 (陶芸) 15
真竹〈まだけ〉 (木竹) 100
纏繍〈まつりぬい〉 (染織) 41
真土〈まね〉 (金工) 76
丸毛彫り〈まるけぼり〉 (金工) 85
丸竹〈まるだけ〉 (木竹) 104
廻し物〈まわしもの〉 (木竹) 101

高機〈たかばた〉 （染織） 46
高蒔絵〈たかまきえ〉 （漆芸） 63
田口釜〈たぐちがま〉 （金工） 73
竹箆〈たけへら〉 （染織） 43
たたら成形〈たたらせいけい〉 （陶芸） 17
立田釜〈たつたがま〉 （金工） 79
経糸〈たていと〉 （染織） 44
経錦〈たてにしき〉 （染織） 34
玉楮象谷〈たまかじぞうこく〉 （漆芸） 67
玉杢〈たまもく〉 （木竹） 92
溜塗〈ためぬり〉 （漆芸） 58
炭化〈たんか〉 （陶芸） 30
鍛金〈たんきん〉 （金工） 74 80
端渓石〈たんけいせき〉 （その他） 130
鍛造〈たんぞう〉 （金工） 74
丹波〈たんば〉 （陶芸） 10 14

ち

竹稈〈ちくかん〉 （木竹） 99
茶入〈ちゃいれ〉 （陶芸） 30
中形〈ちゅうがた〉 （染織） 38 52
鋳金〈ちゅうきん〉 （金工） 74 76
宙吹き〈ちゅうぶき〉 （その他） 123
彫金〈ちょうきん〉 （金工） 74 84
彫漆〈ちょうしつ〉 （漆芸） 62 68
朝鮮唐津〈ちょうせんからつ〉 （陶芸） 22
彫文〈ちょうもん〉 （陶芸） 18
苧麻〈ちょま〉 （染織） 32 34
沈金〈ちんきん〉 （漆芸） 62 66

つ

鎚起〈ついき〉 （金工） 74
堆黒〈ついこく〉 （漆芸） 68
堆朱〈ついしゅ〉 （漆芸） 68
突彫〈つきぼり〉 （染織） 42
辻が花〈つじがはな〉 （染織） 40
土練り〈つちねり〉 （陶芸） 17
筒描〈つつがき〉 （染織） 36
綴（織）〈つづれ（おり）〉 （染織） 46
紬（織）〈つむぎ（おり）〉 （染織） 50
紡ぐ〈つむぐ〉 （染織） 34
鶴口釜〈つるくちがま〉 （金工） 79

て

低火度釉〈ていかどゆう〉 （陶芸） 20
泥彩〈でいさい〉 （陶芸） 18
泥漿〈でいしょう〉 （陶芸） 18
泥釉七宝〈でいゆうしっぽう〉 （その他） 120 121
手描き友禅〈てがきゆうぜん〉 （染織） 36
鉄絵〈てつえ〉 （陶芸） 19
出刃箆〈でばへら〉 （染織） 43
手捻り〈てびねり〉 （陶芸） 17
天目〈てんもく〉 （陶芸） 30
天目釉〈てんもくゆう〉 （陶芸） 22

と

陶器〈とうき〉 （陶芸） 16
道具彫〈どうぐぼり〉 （染織） 42
陶磁胎七宝〈とうじたいしっぽう〉 （その他） 120 130
胴擦り〈どうずり〉 （漆芸） 70
桐塑〈とうそ〉 （人形） 109
桐塑人形〈とうそにんぎょう〉 （人形） 109 112
陶胎〈とうたい〉 （漆芸） 60
透胎七宝〈とうたいしっぽう〉 （その他） 120 121
陶胎人形〈とうたいにんぎょう〉 （人形） 116
透明釉〈とうめいゆう〉 （陶芸） 22
土器〈どき〉 （陶芸） 16
研切り〈とぎきり〉 （漆芸） 70
研出蒔絵〈とぎだしまきえ〉 （漆芸） 63
鍍金（消し）〈ときん（けし）〉 （金工） 88
常滑〈とこなめ〉 （陶芸） 10 14
砥部〈とべ〉 （陶芸） 14
共組物〈ともぐみもの〉 （木竹） 101

な

長板中形〈ながいたちゅうがた〉 （染織） 39
中子〈なかご〉 （金工） 77
流し掛け〈ながしがけ〉 （陶芸） 30
捺染〈なっせん〉 （染織） 35
撫肩釜〈なでがたがま〉 （金工） 79
魚々子打ち〈ななこうち〉 （金工） 84 86
なやし （漆芸） 56
均し〈ならし〉 （金工） 81
軟木〈なんぼく〉 （木竹） 93
南鐐〈なんりょう〉 （金工） 88

に

濁手〈にごしで〉 （陶芸） 25 30
錦〈にしき〉 （染織） 46
錦手〈にしきで〉 （陶芸） 24

ぬ

縫取織〈ぬいとりおり〉 （染織） 46
縫箔〈ぬいはく〉 （染織） 41
緯糸〈ぬきいと〉 （染織） 44
緯錦〈ぬきにしき〉 （染織） 34
布着せ〈ぬのきせ〉 （漆芸） 59
布目象嵌〈ぬのめぞうがん〉 （金工） 84 85
塗り立て〈ぬりたて〉 （漆芸） 58 59

粉引〈こひき〉 (陶芸) 30
粉吹〈こふき〉 (陶芸) 30
胡粉仕上げ〈ごふんしあげ〉 (人形) 111
駒繍〈こまぬい〉 (染織) 41
駒篦〈こまへら〉 (染織) 43
込型〈こめがた〉 (金工) 77
小紋〈こもん〉 (染織) 38

さ

彩釉〈さいゆう〉 (陶芸) 26
佐賀錦〈さがにしき〉 (染織) 47
嵯峨人形〈さがにんぎょう〉 (人形) 107
相良繍〈さがらぬい〉 (染織) 41
先染〈さきぞめ〉 (染織) 35
笹杢〈ささもく〉 (木竹) 92
刺繍〈さしぬい〉 (染織) 41
指物〈さしもの〉 (木竹) 92 94
薩摩切子〈さつまきりこ〉 (その他) 123
砂張・佐波里〈さはり〉 (金工) 75
酸化焔焼成〈さんかえんしょうせい〉 (陶芸) 28
三彩〈さんさい〉 (陶芸) 26
サンドブラスト (その他) 123

し

地入れ〈じいれ〉 (染織) 52
地金取り〈じがねどり〉 (金工) 81
信楽〈しがらき〉 (陶芸) 10 14
磁器〈じき〉 (陶芸) 16
紫金〈しきん〉 (金工) 75
肉合彫り〈ししあいほり〉 (金工) 84
刺繍〈ししゅう〉 (染織) 41
自然釉〈しぜんゆう〉 (陶芸) 21
紙塑〈しそ〉 (人形) 115
紙塑人形〈しそにんぎょう〉 (人形) 115
紙胎〈したい〉 (漆芸) 61
下絵付け〈したえつけ〉 (陶芸) 19
漆皮〈しっぴ〉 (漆芸) 61
志野〈しの〉 (陶芸) 10 22
紙布〈しふ〉 (染織) 34
四分一〈しぶいち〉 (金工) 75
四方釜〈しほうがま〉 (金工) 79
絞り〈しぼり〉 (染織) 40
絞り技法〈しぼりぎほう〉 (金工) 80 81
縞〈しま〉 (染織) 48
赤銅〈しゃくどう〉 (金工) 75
硨磲〈しゃこ〉 (その他) 130
車軸釜〈しゃじくがま〉 (金工) 79
斜文織〈しゃもんおり〉 (染織) 45
十王口釜〈じゅうおうぐちかま〉 (金工) 79
繻子織〈しゅすおり〉 (染織) 45
繻子繍〈しゅすぬい〉 (染織) 41
首里花織〈しゅりはなおり〉 (染織) 49
春慶塗〈しゅんけいぬり〉 (漆芸) 58
省胎七宝〈しょうたいしっぽう〉 (その他) 120 121
植線〈しょくせん〉 (その他) 120 121
白金〈しろがね〉 (金工) 75
伸子〈しんし〉 (染織) 43
辰砂〈しんしゃ〉 (陶芸) 22
浸染〈しんぜん〉 (染織) 35 38 52
神代〈じんだい〉 (木竹) 93 104
真鍮〈しんちゅう〉 (金工) 75
真形釜〈しんなりがま〉 (金工) 79
靭皮繊維〈じんぴせんい〉 (染織) 34

す

水洗〈すいせん〉 (染織) 35
須恵器〈すえき〉 (陶芸) 10
透し彫り〈すかしぼり〉 (陶芸) (金工) 18 84
菅縫〈すがぬい〉 (染織) 41
筋挽き〈すじびき〉 (木竹) 97
煤竹〈すすだけ〉 (木竹) 104
硯〈すずり〉 (その他) 129
墨流し〈すみながし〉 (陶芸) (その他) 30 130
摺箔〈すりはく〉 (染織) 38

せ

精好仙台平〈せいごうせんだいひら〉 (染織) 47
青磁〈せいじ〉 (陶芸) 22
青銅〈せいどう〉 (金工) 75
青白磁〈せいはくじ〉 (陶芸) 22
堰出友禅〈せきだしゆうぜん〉 (染織) 37
炻器〈せっき〉 (陶芸) 16
瀬戸〈せと〉 (陶芸) 14
瀬戸黒〈せとぐろ〉 (陶芸) 10 22
線象嵌〈せんぞうがん〉 (金工) 84 85

そ

惣型〈そうがた〉 (金工) 77
象嵌〈ぞうがん〉 (陶芸) (金工) 18 84 85
象牙〈ぞうげ〉 (その他) 119 127
綜絖〈そうこう〉 (染織) 44 52
塞〈そく〉 (漆芸) 61
染付〈そめつけ〉 (陶芸) 19
空引機〈そらひきばた〉 (染織) 46
存清(存星)〈ぞんせい〉 (漆芸) 69

た

大道土〈だいどうつち〉 (陶芸) 14
高肉象嵌〈たかにくぞうがん〉 (金工) 84 85
鏨〈たがね〉 (金工) 74 85

掻き落とし〈かきおとし〉 (陶芸) 19 29
掻きとり〈かきとり〉 (漆芸) 56
掛け分け〈かけわけ〉 (陶芸) 29
笠間〈かさま〉 (陶芸) 12
鍛冶〈かじ〉 (金工) 74
絣〈かすり〉 (染織) 48
絣しばり〈かすりしばり〉 (染織) 44
片切り彫り〈かたきりぼり〉 (金工) 84
型染〈かたぞめ〉 (染織) 38
肩衝釜〈かたつきがま〉 (金工) 79
型吹き〈かたふき〉 (その他) 123
型友禅〈かたゆうぜん〉 (染織) 37
鹿子絞〈かのこしぼり〉 (染織) 40
被蓋〈かぶせぶた〉 (漆芸) 70
框〈かまち〉 (染織) 44
加茂人形〈かもにんぎょう〉 (人形) 107 110
唐金〈からかね〉 (金工) 75
唐木〈からき〉 (木竹) 93 104
からくり人形〈からくりにんぎょう〉 (人形) 107
唐竹〈からたけ〉 (木竹) 100
唐津〈からつ〉 (陶芸) 13
搦み織〈からみおり〉 (染織) 45
皮巻絞〈かわまきしぼり〉 (染織) 40
変り塗〈かわりぬり〉 (漆芸) 62
還元焔焼成〈かんげんえんしょうせい〉 (陶芸) 28
乾漆〈かんしつ〉 (漆芸) 61
貫入〈かんにゅう〉 (陶芸) 29

き

生漆〈きうるし〉 (漆芸) 56 58
木地固め〈きじがため〉 (漆芸) 70
木地呂〈きじろ〉 (漆芸) 58
着せつけ〈きせつけ〉 (人形) 110
黄瀬戸〈きせと〉 (陶芸) 10 21
木節粘土〈きぶしねんど〉 (陶芸) 16
木目込み〈きめこみ〉 (人形) 110
髹漆〈きゅうしつ〉 (漆芸) 57
歙州石〈きゅうじょうせき〉 (その他) 130
夾纈〈きょうけち〉 (染織) 52
夾紵〈きょうちょ〉 (漆芸) 61
響銅〈きょうどう〉 (金工) 75
京焼〈きょうやき〉 (陶芸) 13
玉〈ぎょく〉 (その他) 119 128
截金〈きりかね〉 (その他) 118 126
切子〈きりこ〉 (その他) 123
切嵌〈きりばめ〉 (金工) 88
錐彫〈きりぼり〉 (染織) 42
金彩〈きんさい〉 (陶芸) 25
金胎〈きんたい〉 (漆芸) 61
蒟醬〈きんま〉 (漆芸) 62 67
均窯〈きんよう〉 (陶芸) 21 29
金襴手〈きんらんで〉 (陶芸) 26

く

括染〈くくりぞめ〉 (染織) 40
草木染〈くさきぞめ〉 (染織) 52
鎖繍〈くさりぬい〉 (染織) 41
孔雀石〈くじゃくいし〉 (その他) 128 130
九谷〈くたに〉 (陶芸) 13
組接〈くみつぎ〉 (木竹) 94
組紐〈くみひも〉 (染織) 51
グラヴィール (その他) 123
繰口釜〈くりくちがま〉 (金工) 79
クリスタルガラス (その他) 130
刳物〈くりもの〉 (木竹) 92 96
久留米絣〈くるめがすり〉 (染織) 50
黒金〈くろがね〉 (金工) 75
黒竹〈くろちく〉 (木竹) 100
くろめ (漆芸) 56

け

化粧掛け〈けしょうがけ〉 (陶芸) 18
下駄箆〈げたへら〉 (染織) 43
毛彫り〈けぼり〉 (金工) 84 85
蹴り鏨〈けりたがね〉 (金工) 85
蹴り彫り〈けりぼり〉 (金工) 84
献上博多〈けんじょうはかた〉 (染織) 47
棬胎〈けんたい〉 (漆芸) 60

こ

古伊万里〈こいまり〉 (陶芸) 11
高火度釉〈こうかどゆう〉 (陶芸) 20
纐纈〈こうけち〉 (染織) 40
格子〈こうし〉 (染織) 48
匣鉢〈こうばち(さや)〉 (陶芸) 28
硬木〈こうぼく〉 (木竹) 93
香盆〈こうぼん〉 (木竹) 104
黄金〈こがね〉 (金工) 75
五金〈ごきん〉 (金工) 72 75
刻苧付け〈こくそづけ〉 (漆芸) 70
古九谷〈こくたに〉 (陶芸) 11
黒釉〈こくゆう〉 (陶芸) 21
五彩〈ごさい〉 (陶芸) 24
甑口釜〈こしきぐちがま〉 (金工) 79
御所人形〈ごしょにんぎょう〉 (人形) 115
豆汁〈ごじる〉 (染織) 52
呉須〈ごす〉 (陶芸) 29
古瀬戸〈こせと〉 (陶芸) 10
胡桐塑〈ことうそ〉 (人形) 109
胡桐塑人形〈ことうそにんぎょう〉 (人形) 109 112

索引

あ

アールヌーボー （その他） 123 130
藍甕〈あいがめ〉 （染織） 44
青金〈あおがね・あおきん〉 （金工） 75
青花〈あおばな〉 （染織） 52
赤絵〈あかえ〉 （陶芸） 11 24
赤金〈あかきん〉 （金工） 75
上野〈あがの〉 （陶芸） 12
厚司織〈あつしおり〉 （染織） 34
当台〈あてだい〉 （金工） 80 81
後染〈あとぞめ〉 （染織） 35
穴窯〈あながま〉 （陶芸） 28
雨畑石〈あまはたいし〉 （その他） 119
飴釉〈あめゆう〉 （陶芸） 20
綾〈あや〉 （染織） 34
綺〈あや（き）〉 （染織） 34
綾織〈あやおり〉 （染織） 45
洗い出し〈あらいだし〉 （漆芸） 70
嵐絞〈あらししぼり〉 （染織） 40
あらそ （染織） 44
荒味漆〈あらみうるし〉 （漆芸） 56
有田〈ありた〉 （陶芸） 12

い

伊賀〈いが〉 （陶芸） 12
鋳ぐるみ〈いぐるみ〉 （金工） 88
いざり機〈いざりばた〉 （染織） 45
石目〈いしめ〉 （金工） 84
衣裳人形〈いしょうにんぎょう〉 （人形） 107 110
出石〈いずし〉 （陶芸） 12
伊勢型紙〈いせかたがみ〉 （染織） 42
板締〈いたじめ〉 （染織） 40 52
板場〈いたば〉 （染織） 35
板場友禅〈いたばゆうぜん〉 （染織） 37
板目取り〈いためどり〉 （木竹） 92
一閑張り〈いっかんばり〉 （漆芸） 61
井戸〈いど〉 （陶芸） 29
糸入型〈いといれがた〉 （染織） 42
糸目糊〈いとめのり〉 （染織） 36
伊万里〈いまり〉 （陶芸） 29
伊羅保〈いらぼ〉 （陶芸） 20
色揚げ〈いろあげ〉 （金工） 74
色絵〈いろえ〉 （陶芸） 24
色挿し〈いろさし〉 （染織） 38
色鍋島〈いろなべしま〉 （陶芸） 11 24
印花〈いんか〉 （陶芸） 18
影青〈いんちん〉 （陶芸） 22
印籠蓋〈いんろうぶた〉 （漆芸） 70

う

浮織〈うきおり〉 （染織） 52
浮彫り〈うきぼり〉 （金工） 84
烏金〈うきん〉 （金工） 75
薄絹〈うすぎぬ〉 （染織） 34
鶉杢〈うずらもく〉 （木竹） 92
打ち込み象嵌〈うちこみぞうがん〉 （金工） 88
打ち出し〈うちだし〉 （金工） 85
烏泥〈うでい〉 （陶芸） 29
姥口釜〈うばぐちがま〉 （金工） 79
績む〈うむ〉 （染織） 34
漆絵〈うるしえ〉 （漆芸） 62
潤塗〈うるみぬり〉 （漆芸） 59
上絵付〈うわえつけ〉 （陶芸） 24
上絵具〈うわえのぐ〉 （陶芸） 24
暈繝繍〈うんげんぬい〉 （染織） 41

え

絵絣〈えがすり〉 （染織） 49
絵経〈えだて〉 （染織） 46
越後上布〈えちごじょうふ〉 （染織） 50
越前〈えちぜん〉 （陶芸） 10 12
エッチングガラス （その他） 123
江戸切子〈えどきりこ〉 （その他） 123
江戸小紋〈えどこもん〉 （染織） 39
絵緯〈えぬき〉 （染織） 46 52

お

黄銅〈おうどう〉 （金工） 75
置上げ〈おきあげ〉 （人形） 111 112
置目〈おきめ〉 （漆芸） 70
桶絞〈おけしぼり〉 （染織） 40
筬〈おさ〉 （染織） 44 52
鬼萩〈おにはぎ〉 （陶芸） 29
御深井〈おふけ〉 （陶芸） 20
折縫絞〈おりぬいしぼり〉 （染織） 40
織部〈おりべ〉 （陶芸） 10 20

か

灰釉〈かいゆう（はいゆう）〉 （陶芸） 20
蛙目粘土〈がいろめねんど〉 （陶芸） 16
カオリン （陶芸） 16
描絵〈かきえ〉 （染織） 52
柿右衛門〈かきえもん〉 （陶芸） 11 25

日本伝統工芸
鑑賞の手引

二〇〇四年六月二十四日　発行

編集――社団法人 日本工芸会 ©二〇〇〇
〒一一〇―〇〇〇七 東京都台東区上野公園一三―九 東京国立博物館内
TEL 〇三―三八二八―九七八九　FAX 〇三―三八二八―〇〇二五

発行――美術書出版株式会社 芸艸堂
〒一一三―〇〇三四 東京都文京区湯島一―三―六
TEL 〇三―三八一八―三八一一　FAX 〇三―三八一三―四六四五

装丁――山田政彦
撮影――タケミアートフォトス
印刷――猪瀬印刷
製本――ハギノ製本